Polite juvenile
▶▶▶ 礼 仪 少 年

年中国丛书

少年强则中国强

彩图版

礼仪少年

策划⊙孟凡丽

主编⊙袁　毅

Wuhan University Press
武汉大学出版社

图书在版编目(CIP)数据

礼仪少年/袁毅主编. —武汉:武汉大学出版社,2013.1(2023.6重印)
(少年中国丛书:彩图版)
ISBN 978-7-307-10441-9

Ⅰ.礼… Ⅱ.袁… Ⅲ.礼仪-少年读物 Ⅳ.K891.26-49

中国版本图书馆 CIP 数据核字(2013)第 022857 号

责任编辑:代君明　　　　责任校对:宋静静　　　　版式设计:王　珂

出版发行:**武汉大学出版社**　　(430072　武昌　珞珈山)
　　　　　(电子邮箱:cbs22@ whu. edu. cn 网址:www. wdp. com. cn)
印刷:三河市燕春印务有限公司
开本:710×1000　1/16　　印张:10　　字数:68 千字
版次:2013 年 1 月第 1 版　2023 年 6 月第 3 次印刷
ISBN 978-7-307-10441-9　　定价:48.00 元

　　故今日之责任，不在他人，而全在我少年。少年智则国智，少年富则国富，少年强则国强，少年独立则国独立，少年自由则国自由，少年进步则国进步，少年胜于欧洲，则国胜于欧洲，少年雄于地球，则国雄于地球……

——摘自梁启超《少年中国说》

　　一百多年前，中国身陷半殖民地半封建社会的境地，外有列强步步逼入，内有政府腐败无能，梁启超奋笔疾书《少年中国说》，以此激励世人扛起振兴中华的责任。

　　一百多年后，今天的中国国力渐强，但仍面临着各种各样的机遇和挑战。今日国之希望，未来国之栋梁，唯我少年！

　　但是要想担负起这个希望，要想成为这个栋梁，不是把《少年中国说》倒背如流就可以做到的。现在国与国的竞争，人与人的竞争越来越多元化、复杂化，在把语数英这些基础学科的知识掌握好之外，我们还需要培养自己的多元素质体系，这样才能使自己在与他人的竞争中立于不败之地，这样的少年担负起的中国才能在与他国的竞争中立于不败之地！

　　《少年中国丛书》选取了一个好少年最应该具备的基本素质：爱国、梦想、美德、感恩、创新、礼仪、励志和智慧。在一个个感化心灵的故事中潜移默化，在一个个精彩的主题活动中把这些素质落实到行动。

　　在这套书的陪伴引领下，让我们一起做一个好少年，做一个扛得起国之希望的好少年！

编委会

少年强，则中国强

少年中国

Polite juvenile
▶▶▶ 目录/contents

第三章　灰脖鸭的回礼

第四章　最后的致礼

Polite juvenile
第一章/爱比恨只多一笔

　　礼是发于人性之自然，合于人生之需的行为规范。人与人之间，讲礼、识礼，人与人之间的相处才会充满安全感，这世界才会温暖。而人的礼节，就是从细小之处展现的，待人接物，是个人礼节的基础。

　　一个人的礼节，也就是在接人待物过程中体现的。待人接物的礼仪故事，就是告诉你，我们与人相处时，可以再宽容一些，再谦卑一些……

素质 ▶▶▶

在每一个细节都表现出你的绅士风度，你才称得上是真正有修养的人。

早几天，主管说有一个德国客户要来看我们公司的一个项目，派我去接机。经联系后，人家德国友人却说不用了，他已打听好了路线自己过来；我准备帮他预订宾馆，他又说自己订好了。我一听头皮立刻发紧：公司有定点宾馆，以便打折，老板最怕客户提出入住什么特色宾馆，因为房费太贵！于是主管打起小算盘，说如果业务谈成我们结账，谈不成的话，就让德国客户自付房费！

德国客户乘坐的出租车在我面前停下，我满脸笑容，伸手去接行李。谁知他惊讶地连声谢绝，说怎么可以让女士来为男士拎包呢？

德国客户把自己订的宾馆地址递给我，居然是那种实惠的连锁旅店。顿时，我对此人的好感"噌噌噌"地往上冒，暗暗决定不管此次业务谈成与否，都要力劝主管给他付房费！

　　陪他去看项目。上车前，我连忙过去，打算帮他开左边的主座车门，他却一下子就到了右车门，拉开车门朝我做了一个"请"的姿势，十足的绅士。

　　看完项目出来，突然大雨倾盆。可我们的车子还停在露天停车场，有近100米的距离。我只好微笑着对德国客户说，我们只有冲刺到停车场了。他连忙点头同意。于是我俩一左一右狂奔。跑了一段后，我直冲向我的右车座方向，突然发现他在前面冲到了我的方向，我便赶紧换到他的左车座方向，以便节省时间让大家尽快上车。谁知等我坐到左车座上时，这位可爱的德国客户正站在大雨中开着右车门，一脸笑容，等待我上车……我红着脸呼唤他上车，他呆愣了一下，会心地坐到了车里。我不由自主地用中文嘀咕："天哪，我不是故意的，我真是没想到！"

　　生意终于谈成，主管指示，德国客户的宾馆费用等由我们承担。结果人家还是没给我这个机会，自己早就把账结了。

　　德国客户临走时，我一再说欢迎您下次再来，这句话不是客套，而是发自内心的。

<table>
<tr><td>礼仪传承</td><td>　　如果你能够在任何时候都保持自己的修养和风度，你也可以被人称赞。其实，我们本身的修养，就是应该在任何时候都能够自然而然遵守的礼仪，这种礼仪，其实与任何人无关，只关乎我们自己。</td></tr>
</table>

徐悲鸿三请齐白石 ▶▶▶

三顾茅庐的敬贤之举，在任何一个时代都值得传颂。

草庐三顾不容辞，何况雕虫老画师。海上清风明月满，杖藤扶梦访徐熙。这是齐白石为赠予徐悲鸿的《月下寻归图》的题诗，由衷感激徐悲鸿"草庐三顾"的识拔之恩。

1929年秋，近代画家、美术教育家徐悲鸿，出任北京艺术学院院长。他深信只有优秀的师资，才能培养出优秀的学生，为此用心物色遴选教授，意向聘请的第一人，便是齐白石。

齐白石少年习画，经半个世纪刻苦精勤不懈努力，终于跻身画坛大家之列，于1920年定居北京，专业卖画刻印。徐悲鸿一向十分赞赏他的人品画技，称他是真正的艺术大师。

九月初的一天，徐悲鸿来到西单跨车胡同齐白石的寓所。问候过后，道明来意："先生是扬名遐迩的画坛大师，想请您来艺术学院任教。"齐白石婉言辞谢："承蒙徐院长看重，只是老朽年逾花甲，耳欠聪，目欠明，恕难应命，但只心领了。"

"高等院校的教授中，古稀之年还不少呢，齐先生老马识途，点拨指导，谁能及得上？您现在正是大有用武之时。"徐悲鸿婉请说。

齐白石还是不答应："教授责任重大，还是另请高明的为好，以免误人子弟。"

两天以后，徐悲鸿再次登门拜访，又是盛情邀请，齐白石又以年老为由推辞。

求贤若渴的徐悲鸿不愿就此放弃。百忙中三顾齐宅，而且是顶风冒雨而来，再次表敬爱之心，诚恳迫切相邀。齐白石感动之余，解释了"恕难应命"的真实原因："年老体衰而外，是因为老朽木工出身，并未进过学堂，登台教授缺少经验，恐引教师非议，又恐顽皮学生捣蛋，连课都上不成。"

"齐先生的顾虑不无道理，但大可不必。"徐悲鸿情真意切道："教授的资格，在于真才实学，不计出身如何。有些留过洋的不也是徒有虚名？齐先生融合传统写意和民间绘画的表现技巧，艺术风格独特。不但能教学生，也可教我徐悲鸿。"

"不敢，不敢，徐院长太谦逊了。"齐白石摇手不迭。

"事实正是这样，并非过谦。"徐悲鸿继而保证道："齐先生上课时，不必做长篇的理论，只要作画示范稍加要领提示即可。开学之初，我陪着您上课，为您护驾。以防真有个别学生不守纪律。"

对此齐白石发自内心地感动，终于点头了，对徐悲鸿说：

"那就试一试吧。"

开学那天，徐悲鸿亲自乘着马车把齐白石接到学校，向全校师生恭敬有加介绍了齐白石的高超造诣。又言出行随，为齐白石"护驾"。考虑到齐白石的确年事已高，徐悲鸿还给予多方照顾：入冬以后天气寒冷，给他在讲台边生个火炉；到了夏天，又给他装个电扇；刮风下雨，又派车接送往来。可谓无微不至。

礼仪传承　　徐悲鸿的三请齐白石，与刘备的三顾茅庐一样，都是敬贤之举。从古至今，让我们看到了一些学者和智者的虚怀若谷，更让我们看到了一些人在贤才面前的谦卑和真诚。懂得尊重，你便可以获得更多的贤良之人的协助。

五爷和黄犍牛 ▶▶▶

无论是动物还是人类，以礼相待总是可以替代最高贵的感情。

农村实行联产承包制时，生产队把牛都标了价，各户抓阄承包牲口，但就是没人愿意要老黄犍牛，五爷听后好像用刀剜了他的心头肉似的难受。

那天晚上，五爷一夜没能入睡，眼前不时地浮现出早年黄犍牛救他命的情景。

五爷是生产队里的老牛把式。那年，五爷拉沙去河滩，回来的时候，铁脚车行走在河床中间，突然山洪暴发了，五爷被困在水中。上游爆发的山洪像黄魔一般呼啸而来，五爷顿时有被洪水淹死的感觉。就在这千钧一发的关头，只见大黄犍牛头一昂，尾巴一拧，猛地挣断脖子上的绳，"哞哞"叫着折回车边站定，眼睛扑闪扑闪地直看五爷几下，五爷会意后立刻抬起左脚，跨在了大黄犍牛的背上，双手搂紧黄犍牛的脖子，大黄犍牛飞似的淌着

齐腰深的水奔到了岸上。刚上岸，洪水就已涌上了河床，五爷颤抖着身子，回头看着被洪水冲走的沙车和小母牛，然后趴在大黄犍牛的身上恸哭起来……

第二天早晨，五爷早早地起了床，他先找到队长，然后又喊了几个群众代表，喃喃地说："您合计个价，我把黄犍牛牵走，再亏我也不说二话。"于是队长和群众代表们商议了半天，最后按菜牛价算了180元卖给了五爷。

五爷除掉自己应分的牛款外，又贷了50元的款项把黄犍牛牵回了家。

在生产队里时，因为牛料不足，活又重，再加上黄犍牛牙口已老，身上还缺膘水，所以黄犍牛骨瘦如柴，背上长着长毛，走起路来一摇三晃、弱不禁风。五爷看在眼里，愁在心头，遇着春秋二季在田野做活休息时，五爷就偷偷摸摸地薅些嫩豌豆秧、青麦苗、黄豆秧，掰些嫩包谷棒之类的偏食让黄牛吃，但那终归是杯水车薪。

五爷把黄犍牛牵回家后，就越发精心地照料起来。每天早晨五爷熬一大锅包谷糁，自己吃两碗，剩下半锅倒进料缸里拌草喂牛；中午五爷把涮锅水里再添些麦麸子，然后端给黄犍牛，让黄犍牛饮；晚上，五爷把铡草机粉碎过的麦秸，再用双手对搓一遍，把碎麦秸搓成麦秸软儿，让黄牛吃了胃舒坦，好消化，能上膘。耕地时，五爷让黄犍牛做最轻便的耕作，田头地角犁不了，五爷情愿用粪耙子刨地头，也不再麻烦黄犍牛。黄犍牛凭着多年耕地的经验，自知五爷是在替它劳作，每逢此时，黄犍牛就很感激五爷的深情厚谊，等五爷刨完地回家喂它时，它就情不自禁地用舌头舔五爷的手，然后好好吃饭。

渐渐地，黄犍牛脊背腰间的长毛脱落掉了，取而代之的是悄悄长出的一层毛茸茸的嫩黄毛。逢着春季和冬季农闲时，黄犍牛总会在绳桩上蹭几下痒，蹦跳骚动两下腿脚，抖擞抖擞精神，五爷看着黄犍牛长出的嫩毛和越来越有精神的眼神，心情也是非常高兴。

每天早晨五爷把黄犍牛喂饱拴到桩上后，总要用细毛扫帚像杨白劳给喜儿梳发扎红头绳似的，把牛背上的茸毛轻轻地梳理梳理，五爷一边梳理着，一边自语似的对黄犍牛说：黄犍牛啊黄犍牛，看来咱俩是天作地合的一家呀，虽然生不能同月，弄不好死能同年呢。黄犍牛啊黄犍牛，我还想和你合墓呢……

这番推心置腹的话，直说得黄犍牛两眼泪汪汪。五爷看到黄犍牛的样子，笑得眼角的眼屎都挤出了眼眶，嘴张了大半天合不拢，两条清水鼻涕淌到嘴唇上也顾不上擦。

五爷和黄犍牛又相依为命了七八年。后来，黄犍牛再也支撑不住，就先五爷一步寿终正寝了。黄犍牛死后，五爷强忍悲痛，到处托人在村后的责任田里挖了个大墓坑。打墓的同时，五爷还特意到集上让寿棺店为黄犍牛定制了一口特大号棺材。棺材拉回后，五爷把黄犍牛入了殓……

　　出殡时，五爷租了辆三轮拖拉机，请了唢呐班，棺木上面放个大花圈，五爷侧坐在拖拉机后边，手扶棺木，一把鼻涕一把泪地哭泣，嘴里还喊着："黄犍牛哪，老伴呀，你这一走，可把我

撇得孤单哪。你这一走，我以后的日子可咋过呢？”他就像缺了精神支柱似的变得六神无主。

就在黄犍牛死的那年刚入冬，五爷就因病去世了。五爷是村里的五保户，临终前嘱咐村长，要求死后把自己与黄犍牛合墓。村长虽然不大理解，但最后还是照五爷的遗嘱办了……

第九年的春天，五爷和黄犍牛合葬的坟头上竟长出了一棵树苗和一株藤芽，一树一藤紧紧地拥抱缠绕在一起，缱绻不分，相依为命，就像五爷和黄犍牛。

村里人都很惊奇，但是谁也没有多说什么，只是静静地对着五爷和黄犍牛的墓行注目礼，似乎只有注目礼才能表达他们此时此刻的心情。

礼仪传承

　　五爷和黄犍牛生前相依为命，黄犍牛死后，五爷像缺了精神支柱似的六神无主。五爷因病去世后，与黄犍牛合墓。第九年的春天，五爷和黄犍牛合葬的坟头长出了一树一藤，它们紧紧地拥抱、缠绕在一起，就像五爷和黄犍牛。

　　这个故事向人们说明了一个道理：爱无处不在，包括人与动物之间的感情。动物是我们生活中不可缺少的一分子。就让我们在纯净的未受人干扰的自然界，和动物亲密无间地相处吧。

我错了 ►►►

信任，源自心底的清澈坦荡，源自你的言出必行。

一名身绑炸药的歹徒闯入校园，挟持了两名中学生与警方对峙。歹徒时而仰天大笑，时而痛哭流涕，情绪异常激动，而他提出的条件更令人哭笑不得：要求警方立即枪决犯人李某，否则就与人质同归于尽。

警方迅速查清了歹徒的身份背景。此人曾在采石厂工作多年，精通爆破技术，后来改行经商，一个月前被最好的朋友李某骗得倾家荡产，精神因此受到极大刺激。歹徒虽然失去理智，却丝毫不笨，他身上绑的是挤压式炸药，只要受到3公斤以上外力压迫就会引爆，如果他倒地同样会引起爆炸，因此警方不能将其击毙。

为了稳住歹徒，警方派出了谈判专家与其周旋，准备伺机而动。谈判从早晨一直持续到中午，歹徒的情绪稍稍稳定，再加上长时间的高度紧张导致体力下降，他不自觉地放松了警惕，两名特警悄无声息地迅速向他身后接近。眼看大功即将告成，偏偏在这个节骨眼上，意外发生了。

那名被挟持的女生忽然向歹徒提出要上厕所，那名男生也跟着说要上厕所。歹徒一愣，顿时警惕起来："想逃跑？没那么容易，当我是傻瓜啊？"他环顾四周，立即发现了身后的一切，下意识地拉紧了手中的炸药引信，暴跳如雷："骗子，你们全部都是骗子！"警方功亏一篑，气氛骤然紧张起来。

此时哪怕尿裤子也不能吭声啊，可他们毕竟只是两个大孩子，从来没经历过这种场面，哪能想到那么多。片刻之后，歹徒忽然又大笑起来，一跺脚，大声叫道："好，我同意你们上厕所，但是只能轮流去，如果有一个不回来的话，那么剩下的人就给我陪葬！"他已不再相信警察，那种口气根本不容商量，两个孩子吓得脸色煞白。这一招真够歹毒的，谁都明白，在那种场面之下，无论谁先走了也不会再回来送死。让谁先离开呢？

事发突然，此刻连警察也拿不出更好的应对之策，空气顿时凝固了，犹如箭在弦上，悲剧一触即发。两个孩子面面相觑，不知所措。"再不走，你们两个现在就陪我一起死。"歹徒为自己的"创意"感到得意，不断威胁催促。僵持片刻，男孩首先开口，对女孩说："我是男子汉，你先走吧。"女孩仿佛得到特赦，转身就走，刚走出两三步，忽又停住，回过头告诉男孩："请你相信，我一定回来。"声音很小，却字字清晰。男孩苍白的脸上泛出淡淡的笑容，冲她点了点头："我相信你。"女孩一

路小跑，离死神越来越远……

　　此时，如果从全局着想，最完美的方案当然是女孩上完厕所再回去当人质，至少这样不会刺激歹徒的情绪，然后再从长计议。可是女孩好不容易才死里逃生，警方总不能劝人家再往火坑里跳，是否回去只能由她自己做主。时间似乎停止了，每一秒钟都像过了一年，现场一片寂静，只有每个人心跳的声音。

　　还好，几分钟后，女孩上完厕所后主动回去了。歹徒大感意外，有些沮丧，又有些不甘心，只好把男孩放出去。男孩临走时也告诉女孩："请你相信，我一定回来。"女孩报以信任的微笑。男孩上完厕所，正往回走，围观人群中忽然跑出一个女人，一把将他抱住，放声痛哭，男孩叫了一声"妈"。歹徒离得不远，清楚地看到了这一幕，掩饰不住得意之色。他知道，世上没有一个母亲会眼睁睁地看着儿子涉险。歹徒手拉着引信仰天狂笑，凄厉的笑声撕破了校园的宁静，令人毛骨悚然。

　　女孩的身体在微微战抖，她绝望地闭上了眼睛。谁也没料到，那个母亲擦干眼泪，松开手，拍了拍男孩的肩膀："儿子，你是男子汉，有警察叔叔在，咱什么都不怕！"得到母亲的鼓励，男孩继续向歹徒走去。

看到女孩和男孩先后回来，歹徒一脸的不可思议，双眼死死盯着两个孩子，表情复杂而又奇怪。出人意料，几分钟后，他举起了双手，向警察投降。

事后歹徒说："自从那次被朋友欺骗之后，我就再也不相信任何人了，所以我要报复所有的人。但是那天，我突然发现，我错了！"

礼仪传承　　两个半大的孩子，却用自己的言出必行，教育了一个疯狂的歹徒，什么才是值得信任。在生命悬于一线的瞬间，两个孩子能够相互将生命交付到对方手中，这就是人与人之间能够展现的最为强大的信任，这种信任，能够感动一个不相信任何人的歹徒，一点也不为奇。因为这世界，就是需要这种包含着大智大勇的信任。

审讯专家的绝招 ▶▶▶

礼貌待人，是不分身份的，因为礼貌，是关系到你本人的修养和作风，与他人无关。

王新平是搞刑侦工作的，一次，他审问的犯罪嫌疑人始终保持沉默，不肯交代赃物的下落。于是王新平决定向公安大学的周教授求援。

周教授进了审讯室，王新平在外面焦急地等候。半个小时后，周教授走出来，笑道："好了，嫌疑人什么都说了，马上派人去搜查赃物！"

王新平几乎不相信自己的耳朵，才半个小时啊！事后王新平仔细询问了周教授审讯的过程，发现周教授和自己用的是一样的方法，可犯罪嫌疑人就"招"了，这是怎么回事呢？

王新平百思不得其解，周教授突然想起了什么，说："对了，审讯室桌子上的那个风扇，你一直没动过吧？我进去后，发现审讯室里很热，而风扇是对着审讯员吹的，嫌疑人那里一点风都吹不到，所以，我把风扇转了个方向，就这么简单而已。"

王新平呆住了，这正是取得犯罪嫌疑人信任的关键！自己只想着怎样运用技巧突破对方的心理防线，却没有想到人与人之间最起码的尊重和信任。

善意是一颗球 ▶▶▶

当你理解和原谅他人时，你真诚的客气，就是一种帮助。

有一次，和家人到一家西餐厅用餐。那天客人蛮多的，菜出得慢，我点的餐还没送来，因为是一家人，所以我吃一点你的前餐，你吃一点他的主菜，大家都没注意到这事，但我没忘记。送饮料来时，服务小姐很不好意思地询问，是不是还有一份餐未送来？我说是。服务小姐很客气地说了一声对不起就离开了。

不到三十秒，老板娘带着大厨到我旁边，连声道歉，说刚把主菜放下去而已，还要一二十分钟，问我能不能等一下，或者就退掉。我答："没关系，我知道你们今天忙，我等一下好了，到时候打包，我带回家。"

老板娘跟大厨连声道谢离开了。

然后，原来没点餐的小朋友都有了甜点、水果与饮料。买单时我惊讶地问是否算错了，老板娘在旁边解释道："因为你的谅解与客气，所以餐点打八折，没上桌的那一份免费，小孩子的附餐也免费招待。"我笑笑说："你太客气了。"老板娘回了一句话："因为你客气，所以不得不让我们更客气。"我笑着离开，不因为少花钱，只因客气也可以传染给别人……

　　我的工作让我常常有机会介绍想装潢的客户给做室内设计的朋友，按照行规，或多或少总会有些介绍费，但我从来不接受。大概是从高中开始，当朋友要回报我对他们的帮助时，我总是拒

绝。我认真地告诉朋友，哪天我需要帮助，拉我一把就好了。因此，当我需全家外出离家数天时，我不用担心家里的鱼会饿死，花会枯死；当我需要搬运东西时，我不用找搬家公司；当我无车可用时，不必担心……

善意与帮助像是一颗球，当你毫不迟疑地将球丢向对你招手的人时，有天，当你也在招手时，也会有颗球飞到你手中，或许，还不只一颗。

礼仪传承

很多时候，你受到了优待，是因为你正在以自己的修养和气度理解了他人，帮助了他人。在餐厅，上菜慢是在客流高峰时常常见到的现象，大多数人会大呼小叫地催促，只有那些理解他人，真正有涵养的人，才会如文中的作者那样，给予最大的宽容。这种宽容，就是对餐厅的理解，对餐厅的帮助，所以他收获了意想不到的优待。凡是斤斤计较，总是在小事上与人为难的行为，不但是一种不礼貌，更是一种缺乏涵养的表现。

改变生命的微笑 ▶▶▶

简单简朴的生活作风，会让你的世界展现出意想不到的色彩。

小李是一个事业有成的青年，从小继承了数目庞大的家财和产权，使得他虽然年纪轻轻，就已经是数家公司的老板。

他虽然很聪明、很有才能，但也有一个缺点——那就是有一些富家子弟的气息。身上总是穿着至少数十万元的西装，手腕上也带着一个耀眼的劳力士金表，使他看起来确实颇为招摇。

而且，他平时为人也非常傲慢，只为自己着想。所以，大家都很讨厌他。但数个月前的某一天，当我在街头遇见他时，却令我大吃一惊。

因为平时总是身穿名牌的他，竟然只穿了一件非常普通的T恤；手腕上也没有那只耀眼的金表，而换了一只极便宜的石英表；态度也十分随和，脸上总是带着微笑。

面对这巨大的转变，我有些不敢相信，甚至怀疑眼前的人，究竟是不是小李！

一个月前，身穿名牌衣服的小李，走进了一家大型百货公司，想为病床上的母亲买一件礼物。由于母亲这两天病情有了转机，因此他的心情特别好。

当他停好那辆宝马，准备走出停车场时，突然有一个身材矮小粗壮的男人，从侧面猛力撞了过来，不仅没有道歉，还非常无礼地瞪着他。按照他平时的习惯，肯定会冲上前去理论一番，但他那天因为心情好，况且是来为母亲买礼物，所以他并没有发火。相反的，他还像一个老朋友般，向那个男子点头微笑，并说了一句："对不起！"

看到他微笑的表情和那一句对不起，那个凶狠的男人似乎有些惊奇，并露出

了一种不可思议的表情。就在那一瞬间，他凶恶的表情，渐渐软化下来。

突然，那凶狠的男人转身向外跑去。

小李当时只是感到有些莫名其妙，也没有在意。后来才发现，手腕上的劳力士表已不知在何时不翼而飞。

回家后小李看到晚上的新闻报道，提到当天中午，在某幢大厦的地下停车场里，发生了一起重大劫案。劫匪砍伤了一个驾驶着豪华跑车的老板，抢去了许多贵重物品。

当屏幕上播出这个劫匪的照片时，小李赫然发现，原来正是那个无礼碰撞自己的男人！

显然，当时如果小李与他冲突起来，极可能也会被劫匪砍伤。望着事主满脸鲜血的惨样，他不禁想到，究竟是什么救了自己，让这个凶狠的劫匪愿意放弃呢？

也许就是他当时的微笑——像朋友般真诚的微笑。同时，小李也开始质疑自己这身鲜亮的打扮，究竟还有什么意义。就在这个时候，他在朋友的带领下，参加了一场布道会。在牧师的讲道中，他听到了一个《伊索寓言》中的故事：

从前有一头长着漂亮长角的鹿，来到泉水边喝水，看着水面上的倒影，它不禁洋洋得意："啊，多么好看的一对长角！"

只是，当它看见自己那双似乎细长无力的双腿时，又闷闷不乐了。正在这个时候，出现了一头凶猛的狮子，这头鹿开始拼命地奔跑。由于鹿腿健壮有力，连狮子也被抛得远远的。

但到了一片丛林地带之后，鹿角就被树枝绊住了。狮子最后追了上来，一口咬住了它。

在临死之时，这头鹿悔恨地说道："我真愚蠢！一直不在意的双腿，竟是自己的救命工具；引以为自豪的长角，最后竟害了自己！"

他恍然大悟。

从此以后，之前那个一点也不关心他人的老板消失了，而一个态度随和，关心他人，脸上时刻洋溢着微笑的新老板出现了。

最重要的是，自此以后，小李脸上总是带着微笑——那种改变他一生命运的微笑。

礼仪传承　　对于生活富裕的我们，很多时候也会被大人们的宠爱迷蒙了双眼，不懂得谦卑和随和的力量是多么的强大。当你意识到自己有一种高高在上的优越感时，你必须懂得蹲下来，展现自己温暖的笑容，让自己更亲近生活。

成全尊严 ▶▶▶

真正的帮助一个人，就是让他能够尊严地活着。

随一个旅行团去郊外旅游。出发时，才发现旅客中竟有一位坐轮椅的女孩，由一位老者推着，听导游说，这是一对父女。

大家本来说说笑笑的，兴致很高，但轮椅女孩出现后，每个人都闭上了嘴，收起了笑容，一声声叹息此起彼伏。藏在每个人心底的同情与怜悯，仿佛一下子被眼前的弱者点燃了。旅行社的大巴来了，大家没有登车，而是纷纷避让到车门两旁，我们几个年轻人还主动上前去，要把那女孩抬到车上去，女孩的父亲见状，不停地说："不用麻烦大家的，真的不用……"但每个人都认为他是在客套，觉得帮这个忙是责无旁贷。

于是七手八脚的，轮椅就抬了起来。大家喊着"一、二、三……"体味着助人的快感。没想到此时那女孩却急了。她大

声说："你们把我放下，你们快把我放下。"这呼喊声中有些惊恐，还夹杂着愤怒。大家听得面面相觑，于是抬起的轮椅又落回了地上。

　　我惊讶地看着，女孩的父亲也没有做什么，他只是从后面用力接住轮椅。此时，女孩伸出双手，牢牢握住车门两边的栏杆，突然一用力，把整个身子从轮椅拖引到车门最低的一级阶梯上。她缓了一缓，接着双手再抓住更高的栏杆，又一用力，身子便伏到了第二级阶梯上，女孩的身体微胖，她用一双手的力量，来支撑整个身体的行动，看起来很费力，很艰难，车门口只有三级阶梯，普通人几步就迈上去了，这对于她来说，却不啻于一条坎坷的路，一座陡峭的山。只剩最后一级阶梯了，但此时的她好像已没了力气，我从远处，能看到她的双手隐约暴起一道道青筋，她的身体几次向上倾了倾，却一次次都失败了。她伏在最后一级阶梯上，大口喘着气。

　　每个人都看着她，我知道，此刻如果有人能去帮她一把，哪怕是轻轻地拉一下，她就能很轻松地登上去，坐到门口的座位上。但谁也没有敢动一下，我注意到，有几个女游客，看着那女孩时，双手竟攥成了拳头，眼里还有泪光。终于，女孩又动了起来，这次，她将双手握在一处，身子微侧，猛然一挺，她成功了。车下有掌声响起来。女孩坐在座位上，看着所有的人，自信地笑了。

旅行结束很久了，我还想着那个女孩，想她时，我没有想到坚强、令人敬佩之类的词汇，更没有想到那个轮椅，她是同其他我见过的女孩一样的，生活得自信、快乐，有尊严。

礼仪传承

作为一个坐在轮椅上的女孩来说，被人抬着上车，是对她的一种怜悯，她需要用自己的力量，做这种她认为是力所能及的事情，所以她拒绝帮助，因此她获得了属于自己的自信和快乐。我们在伸出自己援助之手时，很可能也在无意间伤害了一个人的自尊。无论你的目的是怎样的，在与人相处的过程中，都必须选择被别人认可，和能够接受的方式去帮助一个人，而不是自以为是地发善心。

好运是怎样降临的 ▶▶▶

礼仪，不仅是个人素质、教养的体现，也是个人道德和社会公德的体现。

有一对年轻夫妇，做梦都想拥有一套房子。为了找到他们满意而且买得起的房子，他们几乎跑断了腿。

这天，他们又带着孩子，到一个小区看房。正当他们对小区精美的布局、幽雅的环境赞不绝口、流连忘返的时候，他们的孩子忽然蹲在地上拉了一堆大便。小两口忙不迭地收拾好孩子，最后，丈夫想把地上的大便弄干净，可身上的纸巾已经用完了，他们搜遍了全身也没有找到可以擦拭的东西。一旁的售楼小姐身上也没有纸巾，她说等一下让她来收拾。但小两口不同意，这时，妻子解下了围在自己脖子上的洁白美丽的丝巾，两人一起用丝巾把那堆大便擦干净了……

这一切正好被小区的经理看到了。就在小两口即将离去的时候，经理叫住了他们。当得知他们对房子非常喜爱但钱不够时，经理竟然以一个低得不可思议的价格把房子卖给了小两口。小两口惊呆了，经理由衷地说："我希望我的小区里能多住进像你们这样的人。"

好运，就这样在严格的自律和高素养中降临了。

一个女孩子，大学毕业之后，历尽艰辛，仍没能找到一份合适的工作。这天她又来到一家公司应聘，她按照招聘启事上的地址找到总经理办公室。老板椅空着，显然总经理不在。办公室里有几个人坐在沙发上谈话，女孩不好意思打断他们，就坐在一旁等。当时天气很热，屋里虽然开着空调，但杯子里的水也先后见了底，也没有工作人员进来续水。这时，女孩站了起来，她为每个人的杯子都续上了水。

等了好一会儿，总经理还没有进来，女孩已为谈话的几个人

续了几次水了。最后，谈话的人里面有一个中年人问她到这儿来有什么事，她说是来应聘的。中年人望着她，想说什么，但又止住了，他点点头说："你被聘用了。"女孩吃了一惊，她这才知道他就是这家公司的总经理。后来，她知道了更让她吃惊的事：其实这家公司根本就没有登过招聘启事，是她匆忙之中，走错了楼层……

好运，就这样在细微的善举里降临了。

好运，每一个人都会翘首期待，可为什么好运大部分时候与我们擦肩而过？我们总希望好运能轰轰烈烈地降临，却忽略了一些点点滴滴的小事，而这些小事，往往就是一面镜子，让别人把我们看得一清二楚。

礼仪传承

一个人的善良和修养，是表现在每一个微小的瞬间的，当你面对任何人和任何事都能展现你的修养和品德时，你才能够称得上是真正的绅士。否则，你的绅士风度就被算作是逢场作戏的虚假善良。一个人，对这个世界充满爱和关注，就不会在任何一个细节丧失自己的风度。你会发现：活在自私里，人们就永远也做不到关注自己的细节，更无法做到展现出绅士的风度。

握手 ▶▶▶

当你意识到自己有一种高高在上的优越感时，你必须懂得蹲下来，展现自己温暖的笑容，让自己更亲近生活。

日内瓦会议期间，周总理曾两次向美国代表伸出手，表现了一个泱泱大国自信大度的风范，美国代表杜勒斯却想出各种办法避免与周总理握手，还要用种种托词掩饰，处处被动小气，缩手缩脚，实在不是什么高明的、有大家风范的举动。其实，早在1952年4月30日，周总理在《我们的外交方针和任务》的讲话中，就把"礼尚往来"作为一条方针提出来。他说："资本主义国家，你对我好，我也对你好；你对我不好，我也对你不好。针锋相对，来而不往非礼也。我们总是采取后发制人的办法，你来一手，我也来一手。"

周总理后来曾多次以美国外交机构不许与中国人握手这一僵化无礼的事例，抨击当时美国政府的错误政策。实际上周恩来后来多次提到"握手"一词，已超出杜勒斯拒绝与他握手这一事件本身，而是具有更为广泛的内涵了，它反映出周总理的长远战略眼光和高超的斗争艺术。

对此事印象最深的大概莫过于首次访问中国的美国总统尼克松。1972年2月，他在飞往北京的航程中对工作人员说了六点要求，要他们在飞机到达北京首都机场的时候不要紧跟着他出舱门，要让美国总统独自与周恩来握手，以弥补当年杜勒斯的失礼。1972年2月21日，尼克松乘坐的"空军一号"在北京着陆以后，他即和夫人走下舷梯。这时，周恩来正在寒风中等着他。尼克松在回忆录中写道："我知道，1954年在日内瓦会议时福斯特·杜勒斯拒绝同周恩来握手，使他深受侮辱。因此，我走完舷梯时决心一边伸出我的手，一边向他走去。当我们的手相握时，一个时代结束了，另一个时代开始了。"

礼仪传承　　我们无论何时何地都要做到谦恭礼让。谦恭礼让就是在人际交往中有谦虚的态度，尊重别人，对人恭敬，懂得礼貌，我国历来有"礼仪之邦"的美誉，谦恭礼让是中国人的传统美德。谦恭礼让有助于与别人友好相处，也能赢得别人的尊重、友谊和帮助。

一条浴巾 ▶▶▶

不管你是基于怎样的立场，对于任何一个人，都应该在公共场合维护他的尊严。

在某饭店，有位客人在离店时把房内的一条浴巾放在手提箱内准备带走，被服务员及时发现并报告了大堂副经理。

根据酒店规定，一条浴巾需向客人索赔50元。如何才能既不得罪客人，又维护酒店利益呢？大堂副经理希望能找到个两全其美的方法。他在总台收银处找到了那位刚结完账的客人，礼貌地请他到一处不引人注意的地方说："先生，服务员在检查房间时发现您的房间少了一条浴巾。"言下之意是：你带走了一条浴巾已经被我们发现了。

此时，客人和大堂副经理都很清楚浴巾就在手提箱里。客人秘而不宣，大堂副经理也不加以点破。客人面色有些紧张，但为了维护面子，拒不承认带走了浴巾。为了客人的面子，给客人一个台阶下，大堂副经理说："请您回忆一下，是不是您的亲朋好友来过，顺便带走了？"意思是：你尽可以找个借口说别人拿走了，然后你可以替朋友付这条浴巾的钱。客人说："我住店期间根本没有亲朋好友来拜访。"从客人的口气理解他的意思可能是：我不愿意花50元钱来买这条浴巾。

　　大堂副经理于是就为这个客人提出了一条建议，再给他一个台阶下，说："从前我们也有过一些客人说是浴巾不见了，但

他们后来回忆起来是放在床上，被毯子遮住了。您是否能上楼看看，浴巾可能压在毯子下被忽略了。"这下客人理解了，拎起手提箱上了楼。大堂副经理在大堂恭候客人，客人从楼上下来见了大堂副经理，故作生气状说："你们的服务员检查太不仔细了，浴巾明明在沙发后面嘛！"

大堂副经理心里很高兴，但不露声色，很有礼貌地说："对不起，先生，打扰您了，谢谢您的合作。""谢谢您的合作"有双层意思，听起来好像是让客人为区区小事上楼进房查找，其合作态度可谢。真正的含义则是：您终于把浴巾拿出来了，避免了酒店的损失，如此合作岂能不谢？为了使客人尽快从羞愧中解脱出来，大堂副经理很真诚地说了一句："您下次来北京，欢迎再度光临我们酒店！"

整个索赔过程中，客人的面子保住了，酒店的利益也没有受到伤害，双方皆大欢喜。

礼仪传承

在大堂副经理与客人的交涉过程中，以客人的尊严为重，不断地提示和暗示事情可以按照双方都不损失的前提下以最好的方式解决。最后，事情在客人的面子没有受到伤害，酒店的利益也没有受到损失的情况下得以妥善解决。我们在礼貌待人的时候，也要懂得用聪明的方式表达善意，岂不是两全其美的办法。从这个角度说，大堂副经理维护了酒店客人的尊严，也是尊重他人，礼貌待人的根本出发点。

主题班会：待客礼仪大考察

【活动主题】待客礼仪大考察

【活动目的】1. 让学生在交流活动中了解基本的待客礼仪。

2. 让学生了解人际交往过程中待客礼仪的重要性，从而养成良好的待客规范。

3. 把自己学到的待客礼仪传达给周围的人们。

【活动日期】_____年_____月_____日

【班级人数】_____人

【缺席人员】_____人

【活动流程】

1. 模拟表演导入，引入主题。邀请两位同学上台，一位演主人，一位演客人，请他们模拟客人去主人家做客的场景。

2. 表演完后，主持人讲话：我们免不了去别人家做客，也免不了别人来我们家做客。待客热情，进退适宜，这样能够增进主人与客人的关系；待客冷漠，不理不睬，则会破坏主人与客人的情谊，甚至割袍断义。那么什么才称得上好的待客礼仪呢？现在我们来讨论一下吧！

3. 同学们进入讨论阶段，下列这些行为对吗？

(1) 客人来访后，自己躺在沙发上不动。

(2) 客人离开时，躲在自己房间里不说"再见"。

(3) 有同龄人来访，不许对方碰自己的任何玩具。

(4) 去别人家做客时，看到好玩的东西，不经主人同意拿起来便玩。

(5) 在别人家大叫大嚷。

4. 讨论结束后，主持人讲话：同学们，我们不管是接待家中来客也好，还是去别人家做客也好，千万不能做出以上行为啊。我们应该怎么做呢?

5. 主持人引导同学们对这个问题进行总结，提出待客礼仪和做客礼仪。

　(1) 待客礼仪

　　① 客人来访，要事先有准备，把房间收拾整洁。要热情接待，帮助父母排座、递茶后可告辞离开，待父母送客时应与客人说"再见"。如父母不在家，要以主人身份接待客人。

　　② 父母的朋友带小孩子来访，应同小孩一同玩，或给他讲故事，和他们一起听音乐、看电视。

　　③ 吃饭时，同学、朋友来访，应该主动邀其一起用餐，如果客人申明吃过，先安排朋友就坐，找些书报或杂志给他看后再接着吃饭。

　(2) 做客礼仪

　　① 去亲友家做客要仪表整洁，尽可能带些小礼品，以表示对主人的尊重。

②在亲友家，不能大声大气说话，要谈吐文明。

③不经主人允许，不可随意动用主人家里的东西，即便是至亲好
　友也应先打招呼，征得主人同意后才能动。

【活动总结】

　　各位同学，让我们从今天开始，把基本的待客礼仪和做客礼仪
牢记心间。别人来做客时，我们做一个热情的小主人；去别人家做客
时，我们做一个受欢迎的小客人。

小测试：你对父母的依赖性

父母是我们在这个世界上最亲近的人，你对他们的依赖程度有多高呢？做一下这个测试，看你自己的依赖性有多强。

如果你明天有事情要办，必须早起，所以你定了闹钟，你会把它放在哪里呢？

A.放在枕边，尽量离自己近一些。

B.伸手可及的地方。

C.尽量远点，能听到就可以了。

【测试结果】

选A：你对父母的依赖性很强。因为觉得只有把闹钟放在耳朵最近的地方才可以按时起床，不过这样的你会比较容易融入集体。

选B：你对父母的依赖性会有一点点，比较在意父母对自己的看法。其实你很想什么事情都自己去做，多给自己一点信心吧。

选C：你对父母的依赖性不是很强，比较独立。自己力所能及的事情一般都不会去寻求父母的帮忙，不过这样的话有时候会让自己很累。

Polite juvenile

▶▶▶ 第二章／敞开你的门

　　当别人伸出友好的双手时，你热情地握住了；在别人与你并肩前行时，你稍停一停，路变得宽敞了；当一位女士正要进门，你的绅士风度让你打开了门；当一罐可乐欢畅地滑入你的口中，你让那个可乐罐安心地躺在了"可回收"垃圾箱里……这些细节告诉我，你是一个遵守公共礼节的人，在生活中，这样的一个"你"，让这个社会因秩序而规范，因爱而柔软。

细节伤害 ▶▶▶

注意自己的一言一行，千万不要在无意间伤害了一些不该伤害的人。

一位开出租车的朋友，将遗失在车上的钱包还给了失主。两万多元！许多人认为他傻，失主并不知道他的车牌号码，本来他可以将这钱昧下来的。而他却耽搁了几天的出车时间，去报社，到电视台，出招领启事。可是当钱包递到失主手里的时候，心，这时却真的凉了。他认为自己确实很傻。

失主打开钱包，将里面的钱数了三遍。"硬是当着众人的面数了三遍。"朋友委屈地说，"数一遍也就可以了，数了三遍，还拿着些钱对着阳光照照，我当时尴尬得无地自容，难道我会抽出几张或者换几张假币进去，那样我又何必去还？"

数三遍，也许是那人一种下意识的动作，是一种习惯。钱，通过三遍数得准确无误了，可是，动作附带的信息，相应地也传递到人的心里。每一个细节都有深长的意味和指向，每一个动作

的背后都隐含着一种逻辑。

将失而复得的钱，数上三遍，对于失主，也许就是习惯；而对捡钱的人，则可能是一种情感伤害。

母亲打电话给儿子，儿子接到电话就问"有事吗？"这已经成了他的习惯。母亲有些伤感，反问道："没事就不能打电话吗？你不打电话过来，是因为你忙；我打电话给你，还一定要因为什么事吗？"儿子瞠目结舌。

儿子怔怔地握着话筒，后悔了。他应该问问母亲生活得怎样，母亲身体可好，对于年迈的母亲，还有那么多的担心和牵挂，平时积蓄在心里，怎么一握话筒就忘了询问和表达呢？简单的一句"有事吗？"显然是将母亲的心深深地伤害了。

人们生活在大大小小的细节中，因为习惯，常常忽视了细节的暗含逻辑和给他人的感受。细节伤害像一把软刀子，一点点切割着现代社会人与人之间仅有的那点温情，直至真心灰冷，善行敛迹，美德遁形。往往，灾难未必能将人倾覆，而一个小小的细节，却能将人伤害至深，让人忧思难忘。

上帝的眼睛 ▶▶▶

用你一切的美好品质，告诉上帝，你是一个怎样优秀的人。

小的时候，我的家境很不富裕，加之我又很馋，这使一切好吃的东西对我充满了诱惑。

一次邻居送来一块年糕，祖母照旧分成两份，我和姐姐各一份，我狼吞虎咽地吃完自己的那块时，姐姐还未回来。这时家里只有我一个人，看着灶台上的年糕，我终究经不住诱惑试着吃掉一小块，当一大块年糕被我如此一点点消受光时，我才意识到事情的严重性。

祖母终于回来了，我不敢抬头看她，一口咬定年糕不是我吃的，祖母不嗔不怒，对我说："我们的一举一动，上帝都会看在眼里的，如果撒了谎，晚上上帝会在你鼻子上抹黑的。"我吓坏了，夜里关好了所有的门窗，凭着我那时的知识，以为"上帝"一定是个很高很大无所不能的人。早晨醒来，祖母已在灶房做饭了，想起昨晚祖母的话，我摸着鼻子到镜子里一照，鼻子上果然有拇指大小一块黑，我吓得大哭起来，在祖母面前承认了我的错误，并且发誓以后不再撒谎。

随着我的长大和成熟，童年的记忆差不多都淹没在岁月的风尘中，唯有这段经历刻骨铭心。读的书多了，渐渐明白，世界是无所谓上帝的，所谓"上帝"其实便是我们自己，而上帝的眼睛便是我们的良知和信念。

记得在《简·爱》中，小简·爱对把她关在红屋子里对她倍加折磨的里德太太大声喊出："你的所作所为，死去的里德叔叔都会在上帝那里看得清清楚楚的。"里德太太顿时被吓得手足无措，其实，里德太太又何尝不知道"神灵妄说"的道理呢，只不过是良知在反省中所生出的恐惧罢了。

我们的一举一动上帝都会看在眼里的，上帝的眼睛让我们穿透现实的自私、冷漠和怯懦，固守灵魂深处的那份理解、宽容和坚强；努力而诚恳地工作，正直而清白地做人，留一份坦荡的心境，永远问心无愧地生活，无论对事，还是对人。

敞开你的门 ▶▶▶

在与人交往时，别紧闭着你的心门。

那一年，我大学毕业进了一所设计院。我们这所设计院的办公条件很好，整整占据了一层楼，从院长到普通的设计员，每个人都有单间办公室。

或许是设计院的办公条件太好了，也或许是我们的工作需要安静的环境吧，反正大家都习惯关起门来工作。无论何时来到我们的设计院，总是一片静谧。

可是，刚刚步出校门的我，却很不适应那样的环境。我在大学里是有名的活跃分子，平时总是喜欢和朋友们闹在一起，要我一个人关起门来工作，那我还不被憋死！我希望能和同事们有更多的交流，于是，每天一到单位，我就把办公室的门开得大大的。然而整整一周过去了，很少有人走进我的办公室。

即便这样，我还是坚持每天都开门办公，因为我觉得，只有开着办公室的门，这样在心理上才不会感觉那么憋闷。

一天，终于有一位女同事跑进我的办公室来了。她说有批新到的书需要搬上楼来，想请我帮忙。我二话没说，立即跟她下楼，很快将八大捆书一一搬上楼来。

慢慢地，走进我办公室的同事们逐渐多起来了。当然，并不是来串门聊天，而是有工作需要我配合的，这对我来说正是求之不得的。作为刚进单位的新人，我最怕的是无所事事，只要能和大家多交往，多做点事、多吃点苦对我来讲根本没什么。

一个月很快过去了，我也和大家混熟了。因为我的办公室总是开着门，大家有什么事情需要帮忙总是会第一个来找我。我感觉自己在院里已经不是可有可无的人了，这种感觉很好。

某天，院长手里拿着一叠稿纸，急急地从我办公室的门前走过，看到我的门开着，他突然又退了回来，走到我这里，对着我说："那个，你……"

院长显然对我还不太熟悉。我赶紧站起身来，说："许院长，我叫林友光，是刚刚从浙江大学毕业到院里工作的。许院长您有什么吩咐？"

"哦，小林。"许院长看了我一眼，问，"你打字快吗？我这里有一份材料，下午开会就要用的，得马上打印出来。"我们设计院的规模并不大，而且大家都非常熟悉电脑操作，因此也就没有聘专门的打字员，平时有什么材料要打印，院长都是临时抓差的。

"没问题，许院长，您不用等很久，我一会儿就能打好。"

我胸有成竹地说。

一个小时后，我把那份8000多字的材料打印好并装订整齐，送到了院长的办公室。许院长接过材料，满意地点了点头。

从此以后，除了同事们经常会找我帮忙，院长也经常在我办公室门口喊一声，吩咐我做一些事，可能他感觉到喊一声比敲门方便多了。

渐渐地，我成了设计院里最忙的人，大事小事，不用谁指派，都会自然而然地落到我的头上。

前年年底院里决定提拔一名院长助理，民主推荐时，工作才一年多的我被大家一致提名。也许在大家心中，我早已经是院长助理了。

礼仪传承

礼仪是在他的一切别种美德之上加上一层藻饰，使它们对他具有效用，去为他获得一切和他接近的人的尊重与好感。

这正如在与人交往时，真诚是礼仪的第一课。只有向对方敞开你的门，对方才会与你真心相对。而且，随时敞开你的门，也许机遇就会在你不经意间光临哦。

成全善良 ▶▶▶

真正的礼节就是不妨碍他人的美德，是恭敬人的善行，也是自己行万事的通行证。

有位妇女搀着老父亲的胳膊艰难地上了公交车。车上早就人满为患，这时一个小姑娘站了起来，微笑着对老人说："大爷，您来这里坐吧！"可那位老人却说："谢谢了，姑娘，我站站没关系，你坐吧。"

那位姑娘没想到会这样，有些尴尬，再次说："您坐吧，大爷，尊老爱幼是我们年轻人应尽的义务。"那个搀着老人的妇女似乎想说什么，但老人朝她摆摆手，说："好，好，孩子，那就太谢谢你了！"说完，慢慢走到座位前坐下，小姑娘脸上流露出笑意。

奇怪的是：那个妇女明显不是很高兴，似乎还有些责怪父亲的意思。

公交车继续朝前开，突然一个急刹车，那位老人"哎呀"一声，紧皱了眉头，好像强忍着身体某处的不适。

小姑娘在一旁不禁替老人暗自庆幸，亏他坐下了，如果一直站着，不知要遭多少罪。

下面一站就是医院，那父女俩下车了，巧的是小姑娘也是在这一站下车。小姑娘听到那位妇女在埋怨："爸，你也真是的，明知自己臀部有伤口，不能坐，还要坐！这下伤口疼了吧？"

老人乐呵呵地说："人家小姑娘一片好意！我硬是拒绝她，也许以后再遇到这样的事，她就会有顾虑了……"

是啊，成全别人的善良，这何尝不是另一种善良。

礼仪传承

老人忍住病痛，也要接受一个小姑娘的善良。这就是懂礼节的行为。很多时候，我们不但做不到小姑娘的善良，更无法做到老人的知礼懂节。

在接受别人帮助的时候，用感激的心、感激的话、真诚的行为去回应。这样你在别人眼中，便是一个在个人行为上做到了懂礼节，在个人修养上做到了善良的人。

"失而复得"的照相机 ▶▶▶

让父母的心灵安适，是一个人能够做到的最贴心的孝顺。

如讲孝心，我所认识的人中，没几个人比得上我们单位的老赵。

为成全他的一番孝心，我和另一同事小常分别扮演了一回"旅行社老总"和"办公室主任"。

数天前，老赵的父母从老家来长沙探望儿子。老赵特意在一家旅行社找了一个专职导游陪同，安排父母前往张家界一游。

第三天，老两口不慎将儿子价值3000多元的数码相机弄丢了。这下可不得了了！3000元！对省吃俭用惯了的老人来说，简直是天文数字。老人满心自责，马上要求回长沙，说以后再不出去旅游了，"老了，不中用了。"

相机丢了，对老赵来说不是什么大事，但如何让父母不为此事烦恼，这让老赵颇感为难。不过，很快他便有了主意，把我和

小常叫到办公室，说："有个事，请你俩帮个忙。你俩分别扮演一下旅行社老总和办公室主任。冠华当老总，小常当主任，就这么定了。"

说完，老赵从办公桌下拿出一部崭新的相机，连同保修单递给我，并告诉自己家住何方。我们当即明白了：就说是旅行社方面赔了相机，是去给老两口做安抚工作！老赵和我俩商讨了所有细节，并要求只许成功，不许失败。

去之前，老赵给家里打了电话，说旅行社老总会到家中"赔礼道歉"。两位热情的老人把我俩迎进屋。按照预定方案，加上我和小常"诚恳"的演绎，约3分钟后，两位老人就确信自己碰上了最注重商业信誉的旅行社老总和办公室主任。10分钟后，我和小常走出赵家，也确信没露出一点破绽。

但"后遗症"还是有的。

几天后，老赵告诉我，他父母要到单位来参观参观，在参观的那个下午，我和小常要在他们的视线中消失！

感恩父母 ▶▶▶

时而对自己的父母道一声感谢，你会发现人间亲情的美丽。

十多年前的某一天，父母用欢乐的泪水和幸福的笑容迎接了我的到来。从此，父母肩上就又增添了一项美丽的责任——养育我成人。尽管这是一种沉重的负担，但父母却毫无怨言地抚养我长大。

为了给我一个舒适的生活环境，他们总是那么辛苦，那么努力。从此以后，我成了家的轴心，爸妈既要忙工作，又要分心照顾我，那份责任该有多重，我不知道，也没想过父母累不累，开不开心。小的时候，我总把这当作天经地义，因为我不了解，也不知道父母的辛苦。在这个家里，我就是龙头老大，要风得风，要雨得雨。家中已分不清谁是孩子谁是父母。

终于我大一些了，也稍稍懂事了，看着父母每每拖着疲惫的身子回家，我知道给爸爸妈妈倒上一杯白开水了，并且会甜甜地问一声："爸妈，你们累吗？"这时母亲总会摸着我的头说："好孩子，谢谢你呀！我们不累，一点都不累。"父亲也应和道："孩子真乖。"唉，爸爸妈妈是多么容易满足呀，一杯水，一声问候，便消除了你们的疲劳了吗？可那时我却没有那种头脑，只会傻乎乎地领取爸妈的感谢，支取爸妈的爱心。

现在想起来，父母怎会不累？从我一来到这个世界，大病小灾便随之而来。小时候的我体弱多病，常让父母担心，有时整夜发烧，但爸妈却毫无怨言地送我上医院。无论几时几刻，无论天气如何，风雨无阻。当我睁开疲倦的双眼，看到双眼朦胧的父母紧握着我的手，而且干裂的嘴唇还发出一声声询问："好些了吗？"我的泪很快地流了下来，并暗下决心：爸爸妈妈，等我长大后一定要报答你们的恩情！

是啊，父母的恩情又怎能不报，但又怎能报答得了呢？因为父母给予我们的爱是无私的，是不求回报的，正如《房租》这首诗中说的：在娘身上十个月，我一生也交不起这房租，母亲给了我最美好的人生空间。

渐渐地，我长大了。我的肩上也同时增加了一项美丽的责任——赡养父母。于是我真正成为了一家之主。给妈妈捶捶背，为爸爸揉揉肩。我也知道，与爸妈给我的爱相比，这些孝心是微不足道的，但我深深地感受到尽一份责任好幸福。

阎维文的一曲《母亲》唱得好："不管你走多远，不管你官多大，什么时候都不能忘咱的妈。"这质朴的语言，深沉的感情，感动了多少人啊！的确，无论我们多大的年纪，无论我们多高的官职，在父母眼中，我们永远是顽皮的长不大的孩子。正如老人们常说的一句话：养儿一百年，常忧九十九。不错，父母对爱儿的责任，只有当他们长眠于地下之时，才能得以解脱啊！

是啊，血浓于水啊！对于父母，我们永远有道不完的谢谢，可是他们却不是在意我们的谢。只要我们过得好，他们就感到很幸福了。当我们第一次喊爸爸妈妈的时候，第一次独立迈开一步的时候，第一次歪歪扭扭地写出一个字的时候……是父母在身边耐心地教导我们。父母，是上苍赐予我们不需要任何修饰的心灵的寄托。当我们遇到困难，能倾注所有一切来帮助我们的人，是父母；当我们受到委屈，能耐心听我们哭诉的人，是父母；当我们犯错误时，能毫不犹豫地原谅我们的人，是父母；当我们取得成功，会衷心为我们庆祝，与我们分享喜悦的，是父母。而现在我们远在外地学习，依然牵挂着我们的还是父母。

生活并非如想象中那样完美，父母的辛勤是我们无法体会的，我们虽不能与父母分担生活的艰辛、创业的艰难，但我们在生活上可以少让父母为自己操心。当父母生病时，我们是否应担起责任，照顾父母？要知道，哪怕一句关心的话语，哪怕一碗自己做好的方便面，都会慰藉父母曾为我们百般焦虑的心。感恩父母，并不难做到。

我们也许会记得感谢长途路上给我们一碗水喝的大婶，也许会记得感谢给我们让座的大哥哥，也许会记得感谢辛勤培育我们的老师……是的，他们当然是我们要感谢的，可同时，我们更不应该忘记，父母，永远是我们最值得感谢的人！

古语说："羊有跪乳之恩，鸦有反哺之义。"我虽然不信基督，但是我仍感恩，感恩父母的唯一途径就是从现在起也来承担一份为人儿女的责任。啊，朋友！我们的责任是什么？你，我，他知道吗？

礼仪传承

一个人学着感谢他人，让自己成为一个懂得爱、懂得感谢的知情达理之人，首先要从学会感谢自己的父母开始。

当父母将一桌好饭好菜端上餐桌时，你懂得道一声谢谢；当父母为了让你生活得更好，你懂得道一声辛苦。这样的你，不但懂礼，更懂真情。一个人，从内到外地去感激自己的父母，就是从自己的内心去孝顺我们的父母。

渔翁奇遇 ▶▶▶

还礼报恩，在动物世界中就更显得尤为真诚。

公元780年，即我国的唐朝建中初年，青州北海县的城北有一处古迹，叫秦始皇望海台。这附近有一个湖，湖边有一个老渔翁，名叫张鱼舟。张鱼舟以打鱼为生，白天就生活在船上，晚上才系了船，上岸进自己的窝棚。窝棚的构造挺简单，屋架是几根毛竹，几扇稻草编成的草苫当作墙壁。这屋虽躲不了严寒风雪，但总比没有屋子好。张鱼舟平日里生活虽苦，可他生性淡泊，捉得鱼了，就沽一葫芦酒一醉方休。若是手气不佳，打不到什么大鱼，他就半饥半饱地过日子，也不怨天尤人，因此日子倒也过得自在。

这天，张鱼舟睡得正香，谁知大约到了凌晨四更，湖面雾迷云封，窝棚里冷飕飕的，寒气直往薄被里钻。他翻了个身，将被子披了披，正想再睡，忽然，听见屋后"簌簌簌"地响。

老渔翁以为来的是小贼，不由心里好笑：嗯，看来也是个走投无路的穷贼，主意打到我穷酸老张头上来了。

张鱼舟提高声音道："喂，兄弟，要窝窝头，桌上还有两个，麻烦你自己拿了，若要的是钱财，老哥我自己也没有，恕难奉上了。"

屋外的声音停顿了一会儿，又响起来。听声音，这小贼是不稀罕这两个窝窝头，想要进来。

"你是要进来聊聊是不是？那就请从门里进来，捅破了草壁，你老哥哥可挨不过冬天去！"

这个"小贼"也真听话，"簌簌"声一起，这回是缩回手去，悄无声息地走了。

张鱼舟正想重新躺下，忽然觉得左边被轻轻捅了一下，然后，门真的被推开了。"呀"的一声，白晃晃的一只手伸进来。

接着，门打开了，一个人爬着进来。这人粗壮无比，似乎穿着件条纹黄花衣，只是带着一股浓浓的腥味儿。

老渔翁不禁起了好奇心，他睁大了眼睛细看。这时，天色已转亮，门外已透进微光。等老渔翁看仔细了，不由吓得滚落在了地上。

原来，这是一只老虎，身子足有水牯牛大小。这一吓非同小可，老渔翁冷汗淋漓，伏在地上浑身筛糠一般抖个不停，没一会儿，人竟晕了过去。

等他醒过来，只觉得有一只毛茸茸前爪搭在他的肩胛上。老虎的利爪可伸可缩，若是伸出来那么一爪下去，别说是个老人的瘦肩胛，就是一条壮水牛也准被抓出一个血窟窿来。可是眼下它只轻轻地搭着，好像没存什么恶意。这样按了好一阵子，张鱼舟见没什么动静，就慢慢地睁开眼来，恰好，眼睛正对着那双金光四射的虎眼，吓得他忙又闭上了眼睛。

又过一阵，还不见老虎有动静，他这才缓缓张开眼睛说："虎、虎大王是要、要吃我吗？"

这只老虎提起搁在他肩上的左前爪，向他晃了晃，眼睛里露出痛楚、哀求的神情。这一晃使张鱼舟看清楚了，原来虎爪的掌上刺着一个东西。

张鱼舟这才恍然大悟：该死，该死，原来它是有事找我，不是来吃我的。

这样一想，他的胆子就壮了许多。

他爬起来说："敢情虎大王找我有事？"

这只巨虎又将左前爪伸了伸，果然，有一枚刺深深地刺在老虎的掌心里。张鱼舟怕老虎受惊，将手慢慢地伸上前去，尽力稳住不停抖动的两个手指，揪住了刺尾，顺势将刺拔了出来。只听老虎一声大吼，吓得张鱼舟忙打了一个滚滚开了几步。等他爬起身来，老虎已出了窝棚，轻松地三跃两纵，消失在浓雾之中。

张鱼舟庆幸自己只是受了一场虚惊，第二天，他又去打鱼了。他想将清晨的奇遇讲给渔夫们听，怎奈这里地处偏僻，半天也没见着人，他只好自己打鱼去了。可惜这天运气欠佳，鱼儿不知为什么老不上网，他忙到傍晚，仍是空手而回。张鱼舟一肚子的懊恼，回家用冷水就着硬窝窝头，细细嚼下，早早睡了。

天气好冷，肚子又饿，老渔翁这一觉睡得很不踏实。睡到半夜，他忽然听见门口"咚"的一声，好像什么沉东西扔在地上了。他正想起来去瞧个究竟，就听见有人轻轻"噗噗"敲了两下门。"谁呀？"张鱼舟起床去开门。

今天张鱼舟不敢不关门睡觉了，因为怕老虎熟门熟路又来光顾。他担心第二次没第一次的好运气了。

门外没有声音，老渔翁从门缝往里看了一阵，只见地上黑糊糊的扔着一件东西。他悄悄儿开了条缝，先探出头去看看，在月光下才看清楚，倒在地上的是一头死野猪。他左右一看没人，就上前去一摸，嘿，才死不久，连身子都还微温着。

"这、这是怎么回事？"他莫名其妙，不由自言自语。忽然，他觉得有什么毛茸茸的东西在他身后呼吸。他急转过身来，才看到不知什么时候，昨天那只老虎已站在他的身后，跟他直亲热呢。张鱼舟战战兢兢地摸了一下老虎，老虎才心满意足地一跃跳入黑暗中去了。这里离山林不远，才几里路。

"唉，野兽都知道报恩，"老渔翁心里又是高兴又是惭愧，自语道，"可我却一直在害怕它来吃我。"

这天，老渔翁没去打鱼，他刮了野猪毛，挑精的割了二十斤肉，十斤红烧，十斤盐腌，其余的都拿到镇上卖掉了。这头野猪少说也有百来斤重，张鱼舟卖了不少钱。

自这以后，老虎每夜都会带来东西，有时是鹿，有时是野猪。每次来了，老虎总要和张鱼舟磨蹭几下，亲热一番。当然，这样一来，张鱼舟也可以不去打鱼了。他每天剥皮卖肉，日子居然过得很不错。

只是，一个打鱼人忽然卖的全是野味，这就招来了人家的怀疑。张鱼舟向人家解释，说这是一头虎报他的恩送的，但是这话有谁相信呢？

有人说："嘿，你撒谎，野味是老虎送的？我看是山妖附在你身上了。"

另一个说："老哥的话有理。我说呀，真的有老虎上门，恐怕早将张老头吃了，现在活着的只是一个山鬼的化身罢了。你看他天天有野味拿来卖，这正是他做的妖法。过些日子等野味打完了，我怕他就会吃起人来的。"

好事不出门，恶名传千里。这件稀奇古怪的事，连带这些谣言一传十，十传百，马上，北海县全县都传了个沸沸扬扬。

好事的地保一把抓住了张鱼舟，将他送了官。张鱼舟能说些什么呢？他只能一五一十地将如何为老虎拔刺，老虎如何常来报答他的话一一讲了。知县沉吟了半晌，说道："这样吧，本县是从来不冤枉好人的，王用，你跟他到他家去呆一夜，看他说的是不是真话。如果胆敢蒙骗本县，那么明天本县就有他好看的。"

这一夜，差役王用和张鱼舟躲在窝棚里。果然，半夜里，老虎又拖来了一只鹿。张鱼舟出去与它亲热，老虎忽然闻到一股生人味，就想往里闯，吓得王用脸都白了。幸好张鱼舟拦在门口，拨转虎头，说："别，别，虎大哥，这是我的熟人朋友，你就回、回山里去吧。"

第二天，王用扛了那只鹿，带着老渔翁回到县府衙门，将这事因果都说了。知县见张鱼舟讲的确有其事，也就放他回去了。

张鱼舟怕因此事连累了老虎，便连夜弃了窝棚，划了渔船悄悄走了。

从此，再也没有人见过张鱼舟。而那只老虎，也就再也没有来过了。

请注重你的细节 ▶▶▶

不经意间，你很可能丢掉了自己的修养，所以，请注重每一个细节。

当擦鞋工低头为你服务时，你可以不用弯下身子去挽起你的裤管，但你大可不必两手扶着扶手，仰躺在椅子上，一副"给了钱就是爷"的样子；起身离开时也请别忘说上那句"谢谢"。

当掏粪工推着大粪走过你的面前时，你可以紧赶几步，走到他的前面去，但你大可不必又是捏鼻子，又是皱眉头，嘴上还"呸！呸！"啐个不停，似乎天生就没闻过粪臭的样子。

当部属与你迎面碰上时，你可以不用笑脸相迎，招呼在前，但你大可不必在部属主动送上笑脸，招呼问好时，连正眼都不看，甚至连鼻孔也懒得哼，一副居高临下、官气十足的样子。

当看到空难、矿难、地震、洪灾等灾难性画面时，你可以不用痛哭失声，泪流满面，但你大可不必一边若无其事地看灾难镜头，一边还投入地胡吹海侃。

当你座旁站着老人、小孩和妇女时，你可以不主动起立让座，但你大可不必对别人主动让座的行为说三道四，冷嘲热讽。

当有乡下人不知"麦当劳"、"肯德基"为何物时，你可以在心里保留你的惊讶，但你大可不必表现出一副"城里人"的派头，像打量怪物似的上下打量别人，末了还鄙夷地丢下那句"乡巴佬"。

当你的好心和善举被人误解、利用、欺骗甚至横遭厄运时，你可以为此伤心并适当宣泄你的愤怒，但你大可不必因一叶障目，不见泰山，就得出太阳本暗的结论，甚至以极端的方式报复他人，危害社会。

生活中有许多细节，你也许不经意，但就是这些不

起眼的细节，可以折射出你的人品，影响你的人缘，决定你的发展和未来。请尊重你生活中的每一处细节，因为，尊重细节，原本就是尊重你自己；而忽视细节，受害的，可能会是你的一生。

修养比学问更重要 ▶▶▶

不要忽视细节，它可能是你的致命伤。

有一批应届毕业生共22个人，实习时被导师带到北京的国家某部委实验室里参观。全体学生坐在会议室里等待部长的到来，这时有秘书给大家倒水，同学们表情木然地看着她忙活，其中一个还问了句："有绿茶吗？天太热了。"秘书回答说："抱歉，刚刚用完了。"林晖看着有点别扭，心里嘀咕："人家给你倒水，你还挑三拣四！"轮到他时，他轻声说："谢谢，大热天的，辛苦了。"秘书抬头看了他一眼，满含着惊奇，虽然这是很普通的客气话，却是她今天唯一听到的一句。

门开了，部长走进来和大家打招呼，不知怎么回事，静悄悄的，没有一个人回应。林晖左右看了看，犹犹豫豫地鼓了几下掌，同学们这才稀稀落落地跟着拍手，由于不齐整，越发显得零乱起来。部长挥了挥手："欢迎同学们到这里来参观。平时这些事一般都是由办公室负责接待的，因为我和你们的导师是老同学，非常要好，所以这次我来给大家讲一些有关情况。我看同学们好像没有带笔记本，这样吧，王秘书，请你去拿一些我们部里印的纪念册，送给同学们作纪念。"接下来，更尴尬的事情发生了，大家都坐在那里，很随意地用一只手接过部长双手递过来的手册。部长脸色越来越难看，来到林晖面前时，已经快要没有耐心了。就在这时，林晖礼貌地站起来，身体微倾，双手握住手册，恭敬地说了一声："谢谢您！"部长闻听此言，不觉眼前一亮，伸手拍了拍林晖的肩膀："你叫什么名字？"林晖照实作答，部长微笑着点头，回到自己的座位上。早已汗颜的导师看到此景，微微松了口气。

两个月后，毕业分配表上，林晖的去向栏里赫然写着国家某部委实验室。有几位颇感不满的同学找到导师："林晖的学习成绩最多算是中等，凭什么选他而没有选我们？"导师看了看这几张尚属稚嫩的脸，回答道："是人家点名来要的。其实，你们的机会是完全一样的，你们的成绩甚至比林晖还要好，但是除了学习之外，你们需要学的东西太多了，修养是第一课。"

<table>
<tr><td>礼仪传承</td><td>　　一句简单的问候，消除了人与人之间的隔阂；淡淡的温情，拉近了心与心之间的距离。交际场上，正是这些琐碎、细微的话语，常常蕴含着暖人的力量。日常交往、做人处事的许多细微环节，如同不引人注意的花香，谁捧出了这抹花香，谁就能赢得春天。</td></tr>
</table>

赞美的力量 ▶▶▶

不要吝啬你的赞美，它恰恰是你为人处事的绝佳方式。

胶卷的发明者是柯达公司的老总伊斯特曼，这个发明为他赢得了无数财富。但人人都有虚荣心，都想得到别人的赞许，哪怕只是小小的赞许，伊斯特曼也像常人一样渴望得到别人的称赞。他曾经在洛克斯达城捐造"伊斯特曼"音乐学校和"凯伯恩"剧院，用来纪念他的母亲。纽约某座椅制造公司经理艾特森想得到该剧院座椅的订单，便和伊斯特曼约会见面。一位工程师告诉艾特森说："伊斯特曼的工作极忙，每次访问占用的时间不能超过五分钟。"

他被引进总裁办公室时，看见伊斯特曼正埋首于桌上堆积的文件中。听见有人来，他抬起头朝来者方向说道："早安！先生，有什么事吗？"

经介绍后，艾特森说："伊斯特曼先生，当我在外面等着见你的时候，我很羡慕你的办公室，假如我有这样的办公室，我一定很高兴地在这里面工作，你知道我是一个本分的商人，从来不曾见过这么漂亮的办公室！"伊斯特曼答道："你使我想起一件几乎忘记了的事。这房子很漂亮是不是？当初才盖好的时候我极喜欢它，但是现在，有许多事忙得我甚至几个星期坐在这里也无暇看它一眼。"

艾特森走过去用手摸壁板，说道："这是英国橡木做的，是吗？和意大利橡木稍有不同。"伊斯特曼答道："对了，那是从英国运来的橡木。我的一个朋友懂得木料的好坏，他为我挑选

的。"随后伊斯特曼领着艾特森参观了他自己当初帮助设计的房间配置、油漆颜色、雕刻工艺，等等。当他们在室内夸奖木工时，伊斯特曼走到窗前，非常亲切地表明要捐助洛加斯达大学及市立医院等机关一些钱，以尽心意。艾特森热诚地称许他这种慈善义举的古道热肠。两个人接着谈了许多生活中的、工作中的、商业中的事，艾特森总是适时地表达着自己的赞叹。他们的谈话远不止五分钟。

你一定已经猜到了结果：艾特森不仅得到了那笔座椅合同，还与伊斯特曼成了好朋友。

礼仪传承　　艾特森为伊斯特曼送去了适时的赞美，争取到了远不止五分钟的谈话时间。这种赞美，是一种礼貌。但这绝对与虚伪无关，当我们的赞美只是为了给他人带去愉悦，而不是简单地取悦于人，我们就在做到礼貌的同时，也奉献了自己的一份爱。

为了三个孩子 ▶▶▶

任何时候，请注意我们的言辞，它也许会伤害一个人；任何时候，也请不要吝啬我们的爱心，它可能会帮助一个人。

美国人罗杰·基斯给《读者》讲述了一段他的亲身经历：那天，我去商场购物，人不多，队伍却始终停滞不前。我向前望去，看到一个衣着整齐的年轻女孩站在柜台前刷卡，她刷了很多次，可是每次刷卡机都无情地拒绝她。"看上去那是一种福利卡，"我身后的男人咕哝道，"年轻人四肢健全却依靠福利养活，为什么不能像其他人一样找份工作呢？"年轻女孩循声转过头。"对，是我说的。"我身后的男人手指着自己。那个年轻女孩一下子涨红了脸，眼泪几乎流下来，她立刻扔下福利卡，低头跑出商店，在人们的注视下很快消失了。

这一幕使我联想到自己，自从我得了重病，没有了工作就一直在使用政府救济的粮票买食品，陷入困境的人有什么办法呢？

这也使我学会了——当你不了解一个人的真实生活的时候，就不要评判什么。

几分钟以后，有一个小伙子走进商店，他向收银员打听那位女孩，收银员说她刚刚离开。"我是她的朋友，究竟发生了什么事？"小伙子焦急地询问大家。人们好奇地聚拢过来。"我说了一句愚蠢的话，因为我看到她使用福利卡，这种事我本不应该说出来的，很抱歉！"我身后的男人说。"哦，真糟糕。事情是这样的，她的哥哥两年前在阿富汗遇害，留下三个小孩，不得不由她来照看抚养。她今年才二十岁，单身一人，却要养活三个孩子。"他用沉重的声音告诉每个人。

"没想到，今天发生了这种事。"小伙子不安地耸了耸肩。"这是她想买的吗？"他指着女孩的购物车问收银员。"是的，先生，可惜她的卡无法使用。"收银员说。店内开始变得静悄悄的。"你肯定知道她住在哪里吧？"我身后的男人突然问小伙子，同时挤到队伍前面，掏出他的信用卡交给收银员，"请用我的卡结账吧。"收银员接过他的卡，开始

为年轻女孩选购的商品结账。"稍等，"他转身拉过他的购物车，把自己的一部分食品放进了女孩的购物袋里，"是的，"他对大家说，"我们选择要多养三个孩子了。"

一位女士走过来，把一只火腿放进了女孩的购物袋里，然后更多的人纷纷从自己的食品中挑出几样轻轻地放进了女孩的购物袋里。"先生，我不知道该对您说什么好，谢谢您！"小伙子感激地说。

礼仪传承

很多时候，我们的坏习惯就像是一罐毒药，慢慢地毒死了我们身边的真情。本来只是一些习惯，但是在不该出现时出现，就是一种不礼貌的行为。所以，在必要的时候，注意自己的一言一行，不让自己的言行伤害到别人，便是一种塑造自我礼貌形象的根本需要。

少年行动队

主题班会：大手牵小手

【活动主题】大手牵小手

【活动目的】一方面帮助新入学的小学生熟悉学校环境，尽快进入小
学生身份；另一方面培养中高年级学生照顾幼小，爱护
低年级同学的心态。

【活动日期】_____年_____月_____日

【班级人数】_____人

【缺席人员】_____人

【活动流程】

1. 利用课余时间在班级举行一个小班会，在班会上说明这次活动的主
要目的和意义。可以这样和同学们说："还记得我们刚来到学校
时，一切都那么陌生。高年级的大哥哥大姐姐总是带我们一起做游
戏。现在，我们长大了。看见那些低年级的小同学，难道我们不应
该去帮助他们更好地适应校园生活吗？"

2. 班级里肯定会有很多人表示赞同，这时，你来制定一个报名表，组
织一个"大手牵小手"团队。

3. 大家报名结束后，根据报名人数分成几个活动小组，分好小组后，
把每组要负责多少人也详细列出来，最好也想好用怎样的方式进行
这项活动。

4. 每个小组负责一项工作。第一小组负责带领低年级小同学做游戏，第二小组负责带领低年级小同学认识校园，第三小组负责为低年级小同学辅导学习基础知识……

5. 经过几天的"大手牵小手"活动，在老师的协助下，将完成工作最好的几名同学的名字贴入班级的"光荣榜"。

【活动总结】

　　学生的能力是无可估量的，在他们年龄增长的同时，能力也会有更大的发展甚至超越。所以在课余时间，老师可以多让学生们自己组织一些社会模拟活动，比如职场训练和交际训练等，提早开发他们的社会认知和社交礼仪意识对他们有很大的帮助。

学生自组活动：家庭小主人

【活动主题】家庭小主人

【活动背景】小伙伴们来家里做客了，可是用来招待客人的饮料没有了，怎么去买适量又能让客人满意的饮料呢，你会怎么招待自己的客人呢?

【活动目的】自己也可以像爸爸妈妈一样招待自己的客人了，这对自己和伙伴之间的关系提升有很大的帮助哦。

【活动日期】_____年_____月_____日

【活动流程】

1. 首先，要先确定一下客人的人数，看一下买多少瓶饮料合适。

2. 小客人们的口味都不会一样，所以要记录一下他们爱喝什么，是矿泉水还是果汁。

3. 按照饮料价目表大概计算一下，写出自己买饮料要花费的总钱数。

4. 记得要拿合适的钱去买，不要拿太多，当然也不要出现钱不够的情况哦。

　　为人处事是每个人终生的必修课，现在的社会，不存在世外桃源般没人叨扰的世界，每个人都不可避免地要与人打交道。朋友、同学、老师、父母，每个人都在我们的生命中扮演着不同的角色，作为生活的主角，我们必须学会与这些人相处和交往。因为在人类情感的纽带基础上，与他人的关系需要我们良好的修养和得体的礼仪去维护。

坚守秩序 ▶▶▶

维护你生活环境的基本秩序，就是在用自己的礼貌点缀了社会的和谐。

四年的日本生活到底给我留下了一些什么呢？回国一年多了，很多次都被身边的朋友问到这样的问题。

记得是我到日本刚好一年的时候，为了纪念这个特别的日子，一位日本朋友特意陪我去东京迪斯尼乐园游玩。我们上午乘坐新干线驶进了东京地铁站，便被告知迪斯尼乐园的门票中午以前的部分已经停售，要等到下午3点钟才重新开始售票。下午3点钟，到了那时一看，天哪！黑压压的人群，共有8个窗口售票，每个窗口前都是一条看不到头的长龙，至少有三四百人之多，我一颗激动的心顿时降到了冰点。可那位日本朋友却说："大家都难得有机会来一次，没关系，慢慢排队吧！"就这样，我们跟随着队伍一步一步地移动着。

半个小时过去了，一个小时过去了，天色渐渐暗了，突然

刮起了大风，天空中也飘起了蒙蒙细雨，我的脚也站得酸痛了，穿着一件毛衣在风中颤抖，可8个窗口的售票依然秩序井然地进行着。的确，也许几十个人、一百多个人遵守秩序不足为奇。可是，当我置身于这个偌大的售票广场，有着8条长龙一般的人流，几千人一起排队等候购买门票，天已经黑了，有的人冷得瑟瑟发抖，可你听不到一句大声的喧哗。这次排队的经历，令我终生难忘，在一个以遵守秩序为准则的国家里，每一个普通人在任何情况下，他们都表现得那么从容不迫，坚守秩序，这对于他们来说就是一种自然！

在日本，我最喜欢喝的牛奶是"雪印"，它是战后重建的一家乳品公司生产的，经过几十年不懈努力，它一度在乳品市场上独领风骚。可是，如此规模的一家公司，却因为一次大阪中毒事件而导致整个公司的倒闭，董事长在镜头前向世人谢罪。电视上，雪印公司一位负责销售的部长面对镜头痛哭流涕，他说，在这家公司奋斗了二十几年，以前一家人都以他为骄傲，可现在因为他的关系，太太不敢出门见客，只好每天躲在家里，这一切都是谁的错啊！在经济领域里，也必须遵守这样的秩序，始终坚持以最优秀的产品来面对消费者。否则，即使像"雪印"这样傲然一世的公司也会在一夜之间轰然倒塌。在一个拥有良好秩序的环境里，每一家企业都有希望得到发展壮大，你按照市场秩序的要求来约束自己，那么市场也会为你提供一个更大的发展空间，但是，一旦你违背这个市场秩序，以劣充好，以假当真，市场也会以同样的方式回报你。

在日本几年的生活中，还有一件小事让我常常想起。每次我打完工回家，总是去赶零点零三分最后一班地铁回家，当我疲惫不堪地走出地铁口的时候，那里的工作人员总是站在那里，非常诚恳地给你道上一声"晚安"。已是深夜了，在没有外界监督的

情况下，他说与不说也许是没有人知道的。这种工作态度依靠的又是一种什么力量呢？社会需要一种秩序来固守，我们的伦理道德也需要一种秩序来维持，而这并不是全部依靠法律所能解决的问题。

所以，日本给我留下的是这样的信念：当我们每个人都发自内心地愿意遵守生活秩序的时候，我们的环境会变得更干净，我们人与人之间相处会更体贴，更和谐。

礼仪传承　任何一个公共场所，都有他固有的公共秩序，能够自觉地遵守公共秩序，不但是对他人的尊重，也是对自己的尊重。在日本，人们排着长队买票，人们遵守秩序，即使是最后一班地铁，服务人员也坚持着自己的工作秩序。这种自觉的行为，不但打动了作者，更值得我们反思自己。

秃鹜的羽毛 ▶▶▶

人不能像走兽那样活着，应该追求知识和美德。

秃鹜原本是一只谦虚的鸟，虽然有时会有点蠢，但是还算得上是一个老实的家伙。秃鹜的羽毛并不十分美丽，不过也不难看。

有一天，秃鹜发现自己的羽毛正在一根一根往下掉。它去问别的鸟这是怎么回事，别的鸟告诉它说是换毛，过些时候新的羽毛就会长出来的。但是秃鹜很悲观，觉得自己一定会变得很丑，没过多久，它就因为老是担心自己的羽毛会掉光，身体变得又瘦又弱了。

别的鸟实在看不下去了，觉得它很可怜，于是每只鸟都送给秃鹜一根羽毛，粘在它的身上。当所有的鸟都把自己的羽毛给了它之后，秃鹜的羽毛变得五颜六色，看上去漂亮得很。这时秃鹜自高自大起来。它全身粘满了送来的羽毛，到处摆架子，自称是鸟类王国中最美丽的鸟。

秃鹫越来越骄傲，竟要所有的鸟承认它是它们的国王。它的蛮横让其他鸟很气愤，于是大家一致决定把秃鹫的羽毛收回来。

谁知那些鸟不但把它们送给秃鹫的羽毛收了回来，还把秃鹫自己的羽毛也都啄个精光。秃鹫看上去又老又丑，而且变秃了。

直到现在，秃鹫之所以是一只脾气又怪、样子又丑的老鸟，就是因为这个原因。

礼仪传承

一只谦虚的鸟，即使有点蠢，也还是一只好鸟，但是自高自大起来，又要做无礼之举，是谁也容不下的，最后那些鸟不但把它们送给秃鹫的羽毛收了回来，还把秃鹫自己的羽毛也都啄个精光。秃鹫看上去又老又丑，而且变秃了。这便说明懂得礼仪谦逊是很重要的事。对于人类而言，就更重要，没有伟大的品格，就没有伟大的人，甚至也没有伟大的艺术家、伟大的行动者。

公共汽车里的说笑声 ▶▶▶

放下防备，轻轻地一声问候，你便可以轻而易举地打开一扇背后藏着欢声笑语的大门。

威甘德登上了南行的151号公共汽车。凭窗而望，芝加哥的冬日景色实在是一无是处——树木光秃，融雪处处，汽车溅泼着污水泥浆前进。

公共汽车在风景区林肯公署里已经行驶了几公里，可是谁都没有朝窗外看。乘客们穿着厚厚的衣服在车上挤在一起，全都被单调的引擎声和车厢里闷热的空气弄得昏昏欲睡。

谁都没出声。这是在芝加哥搭车上班的不成文规定之一。虽然威甘德每天碰到的大都是这些人，但大家都宁愿躲在自己的报纸后面。此举所象征的意义非常明显：彼此在利用几张薄薄的报纸来保持距离。

公共汽车驶近密歇根大道一排闪闪发光的摩天大厦时，一个声音突然响起："注意！注意！"报纸"哗哗"作响，人人伸长了脖子。

"我是你们的司机。"

车厢内鸦雀无声，人人都瞧着那司机的后脑勺，他的声音很威严。

"你们全都把报纸放下。"

报纸慢慢地放了下来，司机在等着。乘客们把报纸折好，放在大腿上。

"现在，转过头去面对坐在你旁边的那个人。转啊。"

令人惊奇的是，乘客们全都这样做了。但是，仍然没有一个人露出笑容，他们只是盲目地服从。

威甘德面对着一个年龄较大的妇人。她的头被红围巾包得紧紧的，他几乎每天都看见她。他们四目相对，目不转睛地等候司机的下一个命令。

"现在跟着我说……"那是一道用军队教官的语气喊出的命令，"早安，朋友！"

他们的声音很轻，很不自然。对其中许多人来说，这是今天第一次开口说话。可是，他们像小学生那样，齐声对身旁的陌生人说了这四个字。

威甘德情不自禁地微微一笑，完全不由自主。他们松了一口气，知道不是被绑架或抢劫；而且，他们还隐约地意识到，以往他们怕难为情，连普通礼貌也不讲，现在这腼腆之情一扫而光。他们把要说的话说了，彼此间的界限消除了。"早安，朋友。"

一句简单的问候说起来一点儿也不困难。有些人随着又说了一遍，也有些人握手为礼，许多人都大笑起来。

司机没有再说什么，他已无需多说。没有一个人再拿起报纸，车厢里一片谈话声，你一言我一语，热闹得很。大家开始都对这位古怪司机摇摇头，话说开了，就互相讲述别的搭车上班人的趣事。大家都听到了欢笑声，一种以前在151号公共汽车上从未听到过的温情洋溢的声音。

礼仪传承

一张报纸，挡住了大家的视线，筑起了防备的心墙。其实只要我们轻轻的一声问候，就可以打开彼此的心门。因为城市的庞大，因为彼此的陌生，我们常常用冷漠的外表隐藏自己孤独的心灵，其实我们每个人都在期待着那一声充满友善的问候。当你孤身漂泊在这个城市中，一声问候，便是一缕暖阳，传递出人与人之间的温暖。

在任何的时候，不要紧闭你的双唇，应该让问候的语言时刻出现，你会得到更为温暖的回应。

父亲的形象 ▶▶▶

每个人，都有自己的身份，如果你在人群中不去维护自己的基本尊严，你就得不到应有的尊重。

一个四五岁的小男孩，举着一管透明的五彩弹子糖，从超市林立的货架间，像小牛犊儿似的窜了出来。他的父亲急急尾随其后，眼看着孩子撒着欢儿冲向收银台狭窄的过道口。父亲停住脚立在一处货架旁，高声呼唤着孩子的名字。孩子掉转头跑回父亲身边，父亲爱怜地牵起他的小手，像心口疼的地一手摁住左胸，缓缓弯腰抱起儿子。

走近收银台，父亲把孩子换个方向紧贴在左胸前，摊开右手心里预备好的五元钱结了账，欲往外走。一名保安一把拽住他，平静地问："先生，你的东西都结账了？""结了呀。"父亲利落地回答。小男孩仿佛在配合似的，得意地摇晃着手里的商品。糖球发出清脆悦耳的"嚓嚓"声。保安看了看孩子，逼视着父

亲，父亲一脸无辜的样子，抱紧胸前的儿子。突然，保安使出一招"黑虎掏心"，两块榛仁葡萄干巧克力在众目睽睽之下，从父亲的左胸袋内被"捞"了出来。

小男孩一见巧克力，两眼发出星星般的光亮。但随即他胆怯地把脸藏进了父亲怀里，因为，他看到保安正气势汹汹地瞪着他父亲。

父亲酱紫着脸解释说："这是儿子趁我不注意时放进去的，我压根儿不知道。"边说边慌乱地摸出一张十元的钱和几枚硬币打算付款。保安用不屑的口气说："两块巧克力原价二十元，但，现在你必须花十倍的价钱为你的行为买单。这是超市的规定！"男人傻了眼，可怜巴巴地说身上只有这么多钱。为了证明自己所言属实，他放下孩子，翻开所有的衣服口袋。

孩子安静地坐在收银台上，眨巴着眼瞅着父亲的窘态。围观的人群里有年长的顾客叹息说："作孽啊，当着儿子的面干这事，真不像话。"年轻的顾客则起哄说："现在小偷都狡猾，没准儿这小孩是他雇来的托儿。客气什么，送他去派出所。"

保安刚掏出手机，男孩的父亲立刻像头红了眼的牛，拼命去抢夺保安的手机，两人纠缠了起来。小男孩吓得溜下收银台，抱着父亲的一条腿，哇哇大哭。

这时，有人喊，经理来了！围观的人群让出一条道。经理冷静地听保安汇报了情况，拿过一块巧克力，拍拍小男孩脑袋，柔声地问："告诉伯伯，是你让爸爸给你买的吗？"男孩抽搭着，用蚊子似的声音说："我看到别的小朋友吃，也想吃。可爸爸说咱家没钱，就给我买了这个。"说着，摇了摇手里的弹子糖。

经理看一眼男孩的父亲，瞟了瞟桌上的零钱，思忖了一会

儿，抓起那两块巧克力递给小男孩，慈爱地说："拿着。这是你爸爸给你买的。你长大了一定要好好读书，挣钱孝敬你爸爸哦。"小男孩怔怔地望着经理，懵懂地点了点头。

经理盯着男孩的父亲，压低声音恨恨地说："我不是纵容你偷盗，我只是维护一个孩子心里父亲的形象。请你以后时刻记住自己的身份！走吧！"

<table>
<tr><td>礼仪传承</td><td>　　人在社会中，都有着自己的地位和身份，你如果做你不应当做的事，不但破坏了整个社会的秩序，还给自己加上了一个不自重的名声。
　　作为一个父亲，他在孩子面前偷窃，无论出于什么样的原因，这都让自己的作为父亲的身份大打折扣。而超市经理的行为，清楚明白地告诉他，作为一个父亲，就要学会维护一个父亲的形象。
　　我们在生活中，也必须懂得让自己做自己应该做的事，而不是去损害自己的名声。</td></tr>
</table>

灰脖鸭的回礼 ▶▶▶

礼貌是最容易做到的事，也是最珍贵的东西。

只听到"轰"的一声，枪响了！湖旁的芦苇丛中有一只公鸭和一只母鸭正在为它们的女儿灰脖鸭担忧。

原来，早在春天的时候，一只狐狸悄悄地钻进了它们的小鸭窝里，抓住了灰脖鸭。公鸭和母鸭发现后，像箭一样从天空中飞下来，把狐狸撞得晕头转向，才救回了灰脖鸭，可是它的一只翅膀已经被狐狸咬断了。

西伯利亚的夏天很短，这一年不知什么缘故，鱼虾特别少，因此到了初秋，灰脖鸭的骨头还没有完全长好，它几乎都不能飞过芦苇顶，让它飞到温暖的南方更是不可能的事。

入秋后的日子过得飞快，眨眼间又过去了好几个寒冷的早晨。霜把白桦树的皮都打黄了，天空布满乌沉沉的云，河水也显得阴暗起来。不久，又开始下起了迷蒙的细雨，看得出，这是降雪的先兆。

再不起飞，恐怕就来不及了。

公鸭和母鸭似乎很悲伤，它们向四周大叫了好一阵，在野鸭们的催促下，才告别了这片芦苇滩，向南方飞去。

这时，灰脖鸭蜷缩在一堆干枯的芦苇残枝中，它又害怕，又伤心，一直在用目光送别那飞走的野鸭群。它们在天空中先是随意地飞着，后来，队伍拉长了，拉成端正的三角形，突然又折回来，但是，它们飞得那么高，是不可能看清这堆枯黄的枝叶中的灰脖鸭的。

灰脖鸭游到湖中央的一个由芦苇枯枝积成的浮岛上，打算孤独地度过冬天。这个时候鱼虾都藏起来了，芦苇浮岛旁的湖水也开始冻结了，直到中午，玻璃般的薄冰才融化。它只能千方百计寻找一些植物的嫩芽充饥，但这些东西也越来越少。浮岛对面的树林里有松鼠和兔子，还有那只曾经咬断它翅膀的狐狸，狐狸已经好几次隔着结了薄冰的湖水打量过这只孤独的野鸭了。

有一天，灰脖鸭正和这只极有耐心的狐狸周旋着的时候，树林里走来了一个背着猎枪的老头儿。狐狸一看见他就跑得无影无踪了。灰脖鸭也很紧张，但它又饿又累，根本无力飞到河岸上去，只能在原地游来游去。

　　老头儿是个猎人，他有一手好枪法。他想打些兔子或狐狸，给自己的老太婆做件皮大衣。他很快就看见了河中央的灰脖鸭，这只又瘦又小的野鸭，孤孤单单地在冰水中游动，勾起他无限的感慨。这个小家伙是多么热爱生命啊！它一定是在等待着春天的到来，等待着重返西伯利亚的野鸭群！

　　老头儿趴在冰口旁，把自己带的面包揉成碎屑，扔到灰脖鸭身旁，说道："可怜的小家伙，吃吧，你一定很饿了！"灰脖鸭闻到了面包屑的香味，但没去碰它们。它警惕地望了老头儿一眼，然后向河的另一边游过去。它很奇怪，老头儿怎么不把枪对着它？夏天，曾有人到这儿来打过野鸭，可怕的枪声一响，就有几个可怜的同伴从天空掉下来。

　　这老头儿怎么不开枪呢？

　　老头儿知道小野鸭怕他，就跑开躲在树林里远远地望着它。果然，没多久，灰脖鸭就一口接着一口，把浮在水面上的面包屑都吞下去了。但是，它看也不看一眼老头儿故意留在冰口边上的面包屑，慢吞吞地在河里游来游去。

　　老头儿有点儿失望，他原想把小野鸭弄回去喂养，也好给老太婆做个伴，谁知它一点也不领自己的情。不过，看见它吃下一点儿面包屑后，神气和刚见到时大不一样，他还是挺高兴的。回到家后，他把这件事跟老太婆一说，老太婆也夸奖他有同情心，叫他每天去看看小野鸭，给它吃点东西，最好能把它带回来。她说："西伯利亚的鬼天气，河水说冰封就冰封了，要赶在冰封前把它救回来。"于是，老头儿每天背着枪，带着面包，到那条即将完全冰封的河边去喂灰脖鸭。有时，他还扔给灰脖鸭一条小鱼或几段鸡肠子，这些东西在寒冬是很难弄到的。

经过这段时间的相处，灰脖鸭慢慢地跟带枪的老头儿熟悉起来了，不过，要叫它离开这条河，走到老头儿的面前去，它还是有所顾虑。

狐狸每天也到河边来，老头儿当然也看到了狐狸的足迹。河对岸的雪一直铺盖到河边，上面清清楚楚地留下一个个深深的足印。老头儿没有狗，要想打到这只狐狸，只能靠这只在河里游着的灰脖鸭。

这一天，强劲的朔风从河对面吹过来，冰面上的雪也像白粉似的刮到冰口的这一边。很快，冰口两边的雪堆明显高了很多。老头儿早早赶到河边，埋伏在高高的雪堆后面，只留出一个观察对岸动静的枪口。又几阵风刮过，他藏身的地方完全被白雪伪装起来了。

灰脖鸭吃过老头儿喂的面包屑，仍在冰水中游动。它很奇怪，老头儿为什么要躲起来呢？冰河中央只剩一杆枪那么长的口子了，他完全可以伸手把自己弄上岸。说实话，灰脖鸭已经打算跟他走了，西伯利亚的寒夜真难熬，而这老头儿身上带着多么温暖的气息啊！

将近中午时分，狐狸出现了。它在远处不停地嗅着，并且观察着两岸的雪面。但是，老头儿躲在背风处的雪堆里，风又把他的脚印扫平了，狐狸一点儿也没发觉。

狐狸放心地走过去了，但是，在靠近冰口子的地方，它闻到一股可疑的气味。它断定，那气味是猎枪发出来的！它一纵身，向后面跳开，然后没命地跑了。

雪堆里的老头儿懊悔没有早一点开枪！原来，他想挑选一个最合适的地方再开枪，才瞄得这么久的。现在，他却只能眼看着狐狸从他的视野里消失了。

不过，一件意想不到的事发生了。

灰脖鸭突然"嘎嘎嘎"叫着，朝狐狸那边的冰岸游去，看上去，大有爬上岸去的趋势。狐狸一愣，停住脚步，又抬起头用鼻子嗅起来。

这时，一阵风刮过来。狐狸闻到了灰脖鸭身上的气味，它立刻丢掉怀疑，一步步朝冰口边上跑来，最后，干脆躺在冰上，等待灰脖鸭爬上去。

"轰"的一声，枪响了！

灰脖鸭惊得飞出来，飞过狐狸的尸体。这一枪打得很准，子弹是从狐狸的眼睛里打进去的，皮子一点也没损坏，十分完整。

终于，老太婆有了一条完整的狐狸皮的围脖，而灰脖鸭也来到了他们家。老头儿懂得不少动物知识，他摸出了灰脖鸭翅膀上受伤的骨头，小心地剪掉它的毛，切开肌肉，剔除错位后形成的骨痂，然后帮灰脖鸭把骨头重新接上了。

灰脖鸭的身体一天比一天壮实，不久，翅膀上的骨头也完全长好了。老头儿把它举过头顶，让它试着在屋内飞行。灰脖鸭飞起来，然后在面盆里叼起一条鱼，又飞上大衣柜，在那儿把小鱼吞下去。它觉得曾经受过伤的翅膀现在一点儿也不疼了。它站在大衣柜上，拍打着翅膀，快活地"嘎嘎"大叫。

这时，老头儿和老太婆的眼睛里也闪着快乐的泪花。老头儿爬上凳子，把灰脖鸭抱了下来，然后把它带到院子里，对它说："如果赶得上，就去找你的同伴吧！"

灰脖鸭飞了起来，它飞出院子，在森林上空转了一大圈，最后又飞回老头儿家。它不认识飞往南方的路，而且它很留恋这个给了它温暖和友爱的家。

老头儿和老太婆激动地把灰脖鸭抱在怀里。

春天到了，灰脖鸭产下两枚蛋。老太婆很高兴，她让老头儿设法把蛋孵出小野鸭来。老头儿忧伤地说："这两枚蛋是孵不出小野鸭的，它是灰脖鸭的回礼。它马上要回到自己的大家庭里去了……"果然，不久后天空中就传来了候鸟们归来的声音。老头儿和老太婆看见，芦苇丛中又有野鸭生活在那里。

他们把灰脖鸭抱出来，让它向芦苇丛飞去。这一次，灰脖鸭没再飞回来。

不过，老头儿和老太婆发现，经常有野鸭飞到他们的院子里，这是以前从没有过的事。也许，这也是灰脖鸭的回礼吧。

礼仪传承　不只是人类懂得礼尚往来，动物往往更知道知恩图报。老头儿和老太婆给了灰脖鸭温暖和友爱的家，灰脖鸭产下两枚蛋作为回礼。恰恰是这最容易做到的事，也是最珍贵的东西。它是人类与动物和谐共处的金钥匙。

接受帮助也是美德 ▶▶▶

助人，是一种美德，而接受别人伸出的援助之手，更是一种难得的美德。

那年学校放假，火车从黑龙江哈尔滨启程，回家要几十个小时。到吃晚餐的时间了，我的肚子也早已饿得呱呱叫了。此时，服务员推着餐车叫卖过来。同座的人，都在买饭吃。我知道我的腰包里只有10元钱了，服务员打完邻座最后一份饭后问我：小伙子，你要不要来一份？5块的、10块的都有。我说，好吧，那就来一份5块的吧。我边说边掏钱。

忽然，我只感到脑瓜子嗡的一下响，糟了，钱没了。我急忙制止服务员打菜，说我的钱被偷了。邻座的眼睛都齐刷刷地射向我，同排的一位中年女人说，小兄弟，我这里刚好有5块零钱，你就打一份饭吃吧。我红着脸说，不、不，我不饿。对面两位客人，又对我投来有点让我受不了的眼光。我猜测，他们是不是认为我在骗饭吃或是个穷乡下佬。一股火气从我心底油然升起。我

坚决地拒绝了中年女人的帮助，一场尴尬就这样过去了。

次日起来，我只感到肚子受不了，头有点晕晕的。我知道这是饿的结果。我只好多喝水，以水充饥。当邻座们都在吃早餐时，我有意地起身上卫生间，为的是回避……

又到吃午饭的时间了。当餐车推近我们座位时，那位中年妇女又说，小兄弟，我给你买一份饭吃吧，再不吃东西，是要伤身子的。她是靠在我耳边说的，别人听不见。我婉言谢绝了她。邻座们吃饭时，我借机去打开水，在车厢交接处看风景。

我回到座位处时，中年妇女正在看杂志。她见我回来了，将书给我说，你想看看吗？我接过书就看起来。水喝多了，尿也多了。当我再次从卫生间回来时，她在收拾东西，我问，你要下车了？她说，是的，前面这个小站，我就下。车停了，她将手中的杂志给我，说，小兄弟，这本杂志就送你看吧，我知道你爱看书。说完她就下车了。

我心里感激她，她给我送来了精神午餐。当火车开动时，我打开书，突然，意外的事情发生了，只见书里藏着一张50元的钞票和一张纸条，上面写着：

小兄弟：帮助别人是美德。但有时候，敢于接受别人的帮助，也是一种美德。拒绝别人的善意，有时可能会伤害别人善良的心。

看着这富有哲理的温暖文字，我的眼里热热的。

礼仪传承

现实生活中，很多人不习惯于接受别人的帮助，是因为我们对人与人之间的关系还心存芥蒂，还有很多的顾忌。在火车上丢了钱的"我"，一再拒绝好心大姐的帮助，可能是出于人的普遍认知，不好意思接受一个陌生人的帮助，但当你的拒绝传递给对方的时候，对方收到的讯息是不被信任。这种拒绝，会让一个善意的帮助变成一场辛酸的独角戏。真诚接受别人的帮助，对帮助表达自己真诚的谢意，就是一种难得的包含着理解的礼仪行为。

微笑的力量 ▶▶▶

时刻保持你的微笑，就是用最直接的方式传递了友好的信息。

微笑是最有力的武器，它能使人忘记恐惧，能让人摆脱困难。西班牙内战时，哈诺·麦卡锡参加了国际纵队，在一次激烈的战斗中，他不幸被俘，被投进了单间监牢。审判官轻蔑的眼神和恶劣的态度，使他感到自己像是一只将被宰杀的羔羊。他从狱卒口中得知第二天他即将被处死后，精神立刻垮了，恐惧占据了他的全部身心，他双手不停地颤抖着伸向上衣口袋摸出一支香烟来掩饰自己的这种心神不定。这个衣袋里居然还留有一支皱皱巴巴的香烟。因为手颤抖不止，他试了几次，终于把烟送到几乎没有知觉的嘴上。接着，他又去摸火柴，但是颤抖的双手在身上摸了半天也没有找到。

透过牢房的铁窗，借着昏暗的光线，他看见了一个狱卒，狱卒看了他一眼就转过身去了。他当时无望地想自己不过是一个即

将被抛弃的战俘，而且马上就会成为一具让人恶心的尸体。但顾不上狱卒会怎么想了，眼前最要紧的是想法把烟点上！于是他用几乎发不出声音的嗓子发出了几个沙哑的单词，一字一顿地对狱卒说道："对不起，有火柴吗？"对方回过头来，用冷冰冰的、不屑一顾的眼神扫了他一眼，深吸了一口气，吞吞地踱了过来。对方脸上毫无表情，但还是掏出火柴划着送到隔着铁栅栏的他的嘴边。

那一刻，在黑暗的牢房中，在那微弱又明亮的火柴光下，他和麦卡锡的目光撞到了一起。麦卡锡不由自主地咧开了嘴，对他微笑了一下。连他自己也不知道为什么会对这个人微笑，也许是因为两个人离得太近了，一般在如此面对面的情景中，人不大可能不微笑。不管怎么说，他毕竟对他笑了。他知道对方一定不会有什么反应的，他一定不会对一个敌人微笑的。

但是，如同在两颗冰冷的心间，在两个灵魂间撞出了火花，麦卡锡的微笑对他产生了影响。愣了几秒钟后，狱卒的嘴角开始不大自然地往上翘。点着烟后，狱卒并未走开，他直直地注视着麦卡锡的眼睛，脸上露出了自然的微笑。而麦卡锡也一直保持着这种难得的微笑，此时他意识到对方不是一个士兵、一个敌人，而是一个人。这时，对方也好像完全醒悟一样，从另一个角度来审视麦卡锡，他的眼中流露出人性的光彩，探过头来轻声问："您有孩子吗？""有，有，在这儿呢！"说着麦卡锡用颤抖的双手从衣袋里掏出皮夹，拿出他与妻子、孩子的合影给对方看，这时对方也掏出他和家人的照片给麦卡锡看，并说："出来当兵一年多了，想孩子想得要命，要再熬几个月，才能回一趟家。"

麦卡锡听着，泪水不住地往外涌，他对狱卒说："你的命可真好，愿上帝保佑你平安回家，可我再也不能见到我的家人，再也不能亲吻我的孩子了……"他边说边用脏兮兮的衣袖擦眼泪、鼻涕。狱卒的眼中充满了同情的泪水。忽然，他的眼睛亮起来，把食指贴在嘴唇上，示意麦卡锡不要出声。他机警地、轻轻地在过道上巡视了一圈，又踮着脚尖跑过来。他掏出钥匙打开了麦卡锡的牢门。用眼神示意麦卡锡随着他走，此时麦卡锡的心情万分紧张，紧紧地跟着狱卒贴着墙走，一直走出监狱的后门，又走出了城。之后，狱卒没有说任何话，只是对他微笑了一下，就转身往回走了。麦卡锡的生命就这样被一个微笑挽救了。

礼仪传承　　在生活中，受到很多固有思想的影响，我们会带着有色眼镜来看人，很多时候，我们的礼貌也只愿意奉献给那些看似斯文而有修养的人。但对人的基本尊重，是你本身的善良，又怎能因人而异呢？

只需提前半小时 ▶▶▶

对于生活富裕的我们，很多时候也会被大人们的宠爱迷蒙了双眼，不懂得谦卑和随和的力量是多么的强大。

一次某知名企业登报征聘办公室文员，广告才登了两天，应聘的履历表就如雪片般地飞来。公司经过初步筛选，总计发出了15份面试的通知函。要去公司应聘的那一天，她按照父亲说的，提前半小时到了公司。她在公司的人员还没有开始上班前就在公司门口等待了。她不知道公司担任面试的主管是谁，但她想自己可以在面试之前和陆续到公司上班的人员亲切地打声招呼，这样，她便能让他们建立起对她的好印象。结果，面试时她果然被录用了。人们都说她太幸运了，凭她的条件，只能算是中下，正常情况下不可能被录用。

进公司后，她更是天天提前半小时到公司。当她走到公共汽车站时，发现等车的人不多，上到车上，又发现有许多空位，比平时惬意多了。而且，由于还没到上班高峰期，路上的交通也没出现堵塞。她坐在车上时，就把一天的工作理了个头绪。进到办公室后，她就做好一切准备工作。当同事们匆匆忙忙地打卡、手忙脚乱地开抽屉时，她已经开始工作了，接下来的工作是有条不紊的。往往不到中午的下班时间，她的工作计划就提前完成了。

　　一天总经理因为要谈判，早晨比平时来得早，而他的秘书又还没有到，她便主动上去问总经理需要什么帮助，并且替总经理泡了一杯咖啡，加了两块糖和一匙鲜奶油。总经理很奇怪，说："你怎么知道我的爱好和习惯呢？"

　　她甜甜地笑了一下，调皮地说："我在接到面试通知后，就从网上查阅公司的有关资料。上班后，我花了很多的心思去

观察、记录公司中每一个重要人物的工作作风和工作流程、爱好与习惯。比如我还知道你到了下午3点，要换成安溪的铁观音；如果你情绪不好，应该递上一条冰毛巾……"总经理笑了，说："你还真有心啊！"

　　她进公司一年后的一天，总经理的专任秘书突然发生车祸，严重的伤势使她在短期内无法康复，而工作必须立刻有人接手，争取这个位置的人很多，有老员工，有关系的人，还有条件很好的员工，但总经理的执拗脾气和工作习惯，可不是随便哪个人就能适应的。没想到，人事令发布，最终选中的是没有任何关系的她，不但她感到意外，就连其他同事也惊讶不已。

　　担任总经理秘书后，她依然每天提前半小时到公司。一天，公司请来的海外咨询公司的顾问老师本应该中午才到，可是他临时改变了行程，早晨就提前来到了公司，此时公司接待人员还没有上班，她了解到老师昨晚为了赶行程，没有休息好，于是她赶紧与总经理联系，接着按照惯例给老师联系好了宾馆，招待老师吃完早餐，使老师上午好好休息了几个小时，下午上课时精力充沛。

后来公司按照咨询老师提出对公司的整改计划，对部门进行重新调配，对人员进行重新调整和安排，老师向总经理建议由她担任业务部经理，总经理欣然同意。

礼仪传承　　懂得揣摩他人情绪，是与人沟通的基础。想要让自己成为一个行为和语言得体的人，就要将目光更多地放在他人身上。

一个人，如果可以让人一想起来就心里暖洋洋的，那他必定是时刻关注着他人情绪，懂得合理地传递自己和接纳他人的人。

黑板报：与文明相伴，与礼仪牵手

【黑板报主题】与文明相伴，与礼仪牵手

【黑板报内容】

1. 礼仪之歌

学做人，懂礼貌，礼仪之邦人人晓

有礼节，互尊重，礼貌待人好品行

谢谢你，对不起，文明语言通情理

坐立走，要端庄，举止文明有修养

常洗澡，勤换衣，仪表文明好风气

同学间，邻里情，民族习惯要尊重

见外宾，要大方，彬彬有礼树形象

重礼节，讲礼仪，社会生活铺路基

2. 礼仪小故事

曾子避席

"曾子避席"出自《孝经》，是一个非常著名的故事。曾子是孔子的弟子，有一次他在孔子身边侍坐，孔子就问他："以前的圣贤之王有至高无上的德行，精要奥妙的理论，用来教导天下之人，人们就能和睦相处，君王和臣下之间也没有不满，你知道它们是什么吗？"

曾子听了，明白老师孔子是要指点他最深刻的道理，于是立刻从坐着的席子上站起来，走到席子外面，恭恭敬敬地回答道："我不够聪明，哪里能知道，还请老师把这些道理教给我。"

在这里，"避席"是一种非常礼貌的行为，当曾子听到老师要向他传授时，他站起身来，走到席子外向老师请教，是为了表示他对老师的尊重。

3. 古代礼仪

(1) 诞生礼：从妇女未孕时的求子到婴儿周岁，一切礼仪都围绕着长命的主题。

(2) 成年礼：也叫冠礼，是跨入成年人行列的男子加冠的礼仪。

(3) 飨燕饮食礼仪：燕即宴，节日设宴在中国民间食俗上形成节日饮食礼仪。正月十五的元宵，端阳的粽子和雄黄酒，中秋月饼，辞岁饺子等都是节日礼仪的饮食。

(4) 宾礼：主要是对客人的接待之礼，与客人往来的馈赠礼仪有等级差别。

(5) 五祀：指祭门、户、井、灶、中（中室）。

(6) 傩仪：古代人们认为自然的运转与人事的吉凶息息相通，所以必须适时行傩仪逐邪恶。

Polite juvenile

▶▶▶ 第四章 / 最后的致礼

　　我们生活在人群中，不管与谁相处，都要受到他人情绪的影响，这种情况下，如果我们对他人的情绪熟视无睹，只能让自己变得冷漠而不通人情。

　　在我们的生活里，用自己的全部善心和积极的心态去对待身边的人，你很可能在无意间也扶助了一个不自信的生命。最重要的，如果你让自己时刻去帮助别人，你会发现自己的生活会因为善良而熠熠生辉。

我是来道歉的 ▶▶▶

面对真诚的道歉，你的宽容就是对善意最好的维护。

几年前的一个晚上，我和妻子去纽约市朋友家吃饭。当时雨雪交加，我们赶紧朝朋友家的院子走去。我看到一辆汽车从路边开出，前面有一辆车等着倒进那辆车原先的停车位置。可是，他还未及倒车，另一辆车已从后面抢上去，抢占了他想占据的位置。"真缺德！"我心想。

妻子进了朋友的家，我又回到街上，准备教训那个抢位的人，正好，那人还没走。"嗨！"我说，"这车位是那个人的。"抢位的人满面怒容，我们很快吵了起来。不料，抢车位的人自恃体格魁伟，突施冷拳，把我打倒在他的车头上，接着便是两巴掌。我自知不是他的对手，心想前面那个司机一定会来助我一臂之力。令我心碎的却是，他目睹此情此景后，开着汽车一溜烟地跑了。

　　抢位的人"教训"了我一顿以后，扬长而去。我擦净了脸上的血迹，悻悻地走回朋友家。妻子和朋友见我脸色阴沉，忙问我发生了什么事，我只能编造说是为车位和别人发生了争吵。

　　不久，门铃又响了起来，我以为那个家伙又找上门来了。他是知道我朝这里走来的，而且他也扬言过，还要"收拾"我。我怕他大闹朋友家，于是抢在别人之前去开门。果然，他站在门外，我的心一阵哆嗦。"我是来道歉的，"他低声说，"我回到家，对自己说，我有什么权利做出这种事来？我很羞愧。我所能告诉你的是，布鲁克林海军船坞将要关闭，我在那里工作了多年，今天被解雇，我心乱如麻，失去理性，希望你能够接受我的道歉。"

　　事过多年，我仍记得那个抢位的人。我相信，他专程来向我道歉，需要多大的力量和勇气。在他身上，我又一次看到了人性的光辉。

我们应该注意自己不用言语去伤害别的同志，但是，当别人用语言来伤害自己的时候，也应该受得起。

当你用宽容和爱去对待伤害过你的人，你会发现很多伤害是无心之过，很多伤害你的人也正在受着良心的拷问。在自己的能力范围内，去接纳真诚的悔过，相信你会发现许多的美好。

最后的致礼 ▶▶▶

这是鸽子对死去主人的致礼，也是女护士对这只情深意重的鸽子的致礼。

在 1976年的夏天，中国唐山发生大地震。顷刻间，城市变为一片废墟，伤亡数十万人。

在一堵断墙下，横卧着一个老汉的尸体，他是被一根水泥横梁砸死的。

"咕！咕！"一只鸽子停在老汉被砸得血肉模糊的脚旁，发出凄惨的叫声。那老汉，是养育它的主人。

这是只很平常的鸽子，个儿不大，羽毛雪白雪白的，不带一点杂色，这样子极为常见。

这老汉生前最爱养鸽子，养了十几只鸽子，但现在其他鸽子都被吓得丢魂落魄，早就逃得无影无踪了，只有这只鸽子没飞走，依旧留在主人的身边。也许它认为，主人的养育之恩，是无论如何也不能忘记的。

鸽子那本来像水晶球闪闪发亮的眼睛已变得浑浊了，并且充满着悲伤，它知道主人已经死了。如果有泪腺，它一定会泪流满面；如果有人一样的声带，它一定会呼天喊地痛哭。现在，它只能把泪水咽进肚里，把痛苦和哀伤深深地埋藏在心里。

　　它不愿意自己的主人就这样死去，主人一死，就再也没人来照料它了，它就会变成"野鸽"。这名声可太难听了。可是，它又不肯改换门庭，去找一个新的主人。

　　鸽子在乱砖瓦上跳来跳去，绕着主人的尸体转着，时而停下默默地看着。

　　老汉的头部完好无损，他是流血过多而死的。他的眼睛睁得大大的，紧紧盯着蓝天。啊，他是在寻找亲人还是在寻找着自己心爱的鸽子？

"咕咕咕！"鸽子走到老汉耳边，轻轻叫了几声，然后，轻轻一跳，跳到主人的脸上，用喙磨蹭着他的鼻子。也许它是想用自己的呼吸，来帮助主人起死回生，可是，它没这个能耐，但这只鸽子却坚持了很久很久。

　　见主人丝毫没有活过来的迹象，鸽子才停下来。它见主人脸上沾了不少血，便朝四处张望，然后飞走了，不一会儿衔来了一块菜皮。它大概是想把主人脸上的血污擦干净，让他整洁一点地离开人间吧？

　　老汉脸、额上的血已经凝结，又被晚风吹干了。鸽子用菜皮擦呀擦，可是却没什么用。然而，它一点儿也不灰心，仍然不停地忙碌着。它相信，只要持之以恒，主人脸上的血污一定会被擦得干干净净的。

　　夜幕降临了，没有星星，也没有月亮，四周的景象惨不忍睹。作为一只飞鸟，它对主人已经尽了心，此刻它可以飞往别处去，像它的同伴一样，找一个地方安身。可它却不忍离开主人，它是那个人养大的啊！它要永远和主人在一起。就这样，它守在主人的身旁，默默地度过了漫长的两天两夜。

　　第三天，天一亮，它又继续忙碌起来。那主人脸额上的污血，尽管没有被擦去分毫，但是，它一点儿也不气馁，还是不停地擦呀擦。

　　鸽子究竟在想些什么呢？什么都没有改变，主人脸上的血污依旧存在，主人永远也无法活过来，但是它却不气馁。想了很久，我忽然明白，也许这是鸽子对它爱着的主人最后的致礼。忽然，远处传来一阵嘈杂的脚步声，一队救援人员赶来了。在救援人员中，有一位眉清目秀的女护士，她身材瘦小，看起来像是一个南方人。她是第一个看到了鸽子的人，当她发现这片废墟上竟然还有生灵的存在时，为此感到十分惊奇，甚至忘了来这儿的目的了。当别人都在忙着搬运死者的时候，她一直在默默地看着这只鸽子。

鸽子旁若无人，仍然工作着。它偶尔抬起头看一眼这位女护士，显出毫不在意的样子，然后又低下头继续擦拭主人脸上的血污。女护士的眼泪不知什么时候流下来了，她感叹道："这只鸽子对死者的感情真深啊！但是它究竟在想些什么呢？"

礼仪传承
　　一只鸽子停在养育它的主人——老汉的脚旁，老汉被砸得血肉模糊，鸽子发出凄惨的叫声。它守在主人的身旁，默默地度过了漫长的两天两夜。它尽力为主人把脸上的血污擦得干干净净，这是鸽子对它爱着的主人最后的致礼。

不要扔下妈妈 ▶▶▶

反哺我们的父母，就应该像他们曾经哺育了我们一样。

曾经看过这样一则故事：媳妇对婆婆说："煮淡一点你就嫌没味儿，现在煮咸一点你却说咽不下，你究竟想怎么样？"母亲一见儿子回来，二话不说便把饭菜往嘴里送。媳妇怒瞪他一眼，他试了一口，马上吐出来，儿子说："我不是说过了吗，妈有病不能吃太咸！""那好！妈是你的，以后由你来煮！"媳妇怒气冲冲地回房。儿子无奈地轻叹一声，然后对母亲说："妈，别吃了，我去煮个面给你。""仔，你是不是有话想跟妈说，是就说好了，别憋在心里！""妈，公司下个月升我职，我会很忙，至于老婆，她说很想出来工作，所以……"母亲马上意识到儿子的意思："仔，不要送妈去老人院。"声音似乎在哀求。

儿子沉默片刻，他是在寻找更好的理由。"妈，其实老人院并没有什么不好，你知道老婆一旦工作，一定没有时间好好服侍你。老人院有吃有住有人服侍、照顾，不是比在家里好得多吗？""可是，你阿财叔他……"洗了澡，草草吃了一碗方便面，儿子便到书房去。他茫然地伫立于窗前，有些犹豫不决。母亲年轻时便守寡，含辛茹苦将他抚养成人，供他出国读书。但她从不用年轻时的牺牲当作要挟他孝顺的筹码，反而是妻子以婚姻要挟他！真的要让母亲住老人院吗？他问自己，他有些不忍。

"可以陪你下半世的人是你老婆，难道是你妈吗？"阿财叔的儿子总是这样提醒他。

"你妈都这么老了，好命的话可以多活几年，为何不趁这几年好好孝顺她呢？树欲静而风不息，子欲养而亲不待啊！"亲戚总是这样劝他。

儿子不敢再想下去，深怕自己真的会改变初衷。晚上，太阳收敛起灼热的金光，躲在山后憩息。建在郊外山冈的一座贵族老人院。是的，钱用得越多，儿子才越心安理得。当儿子领着母亲步入大厅时，崭新的电视机，42英寸的荧幕正播放着一部喜剧，但观众一点笑声也没有。几个衣着一样，发型一样的老妪歪歪斜斜地坐在沙发上，神情呆滞而落寞。有个老人在自言自语，有个正缓缓弯下腰，想去捡掉在地上的一块饼干吃。儿子知道母亲喜欢光亮，所以为她选了一间阳光充足的房间。从窗口望出去，树荫下，一片芳草如茵。几名护士推着坐在轮椅的老者在夕阳下散步，四周悄然寂静得令人心酸。纵是夕阳无限好，毕竟已到了黄昏，他心中低低叹息。

"妈，我……我要走了！"母亲只能点头。他走时，母亲频频挥手，她张着没有牙的嘴，苍白干燥的嘴唇在嗫嚅着，一副欲语还休的样子。儿子这才注意到母亲银灰色的头发，深陷的眼窝以及打着细褶的皱脸。

母亲，真的老了！他豁然记起一则儿时旧事。那年他才6岁，母亲有事回乡，不便携他同行，于是把他寄住在阿财叔家几天。母亲临走时，他惊恐地抱着母亲的腿不肯放，伤心大声号哭道："妈妈不要丢下我！妈妈不要走！"最后母亲没有丢下他。他连忙离开房间，顺手把门关上，不敢回头，深恐那记忆像鬼魅似的追缠而来。

他回到家，妻子与岳母正疯狂地在母亲的房里扔得不亦乐乎。身高3英寸的奖杯——那是他小学作文比赛"我的母亲"第一名的胜利品！华英字典——那是母亲整个月省吃省用所买给他的第一份生日礼物！还有母亲临睡前要擦的风湿油，没有他为她擦，带去老人院又有什么意义呢？

"够了，别再扔了！"儿子怒吼道。

"这么多垃圾，不把它扔掉，怎么放得下我的东西。" 岳母没好气地说。

"就是嘛！你赶快把你妈那张烂床给抬出去，我明天要为我妈添张新的！"

一堆童年的照片展现在儿子眼前，那是母亲带他到动物园和游乐园拍的照片。

"它们是我妈的财产，一样也不能丢！"

"你这算什么态度？对我妈这么大声说话，我要你立刻向我妈道歉！"

　　"我娶你就要爱你的母亲，为什么你嫁给我，你就不能爱我的母亲？"

　　雨后的黑夜分外冷寂，街道萧瑟，行人车辆格外稀少。一辆宝马在路上飞驰，频频闯红灯，飞驰而过。那辆轿车一路奔往山冈上的那间老人院，停车直奔上楼，推开母亲卧房的门。他幽灵似的站着，母亲正抚摸着风湿痛的双腿低泣。她见到儿子手中正拿着那瓶风湿油，显然感到安慰地说："妈忘了带，幸好你拿来！"他走到母亲身边，跪了下来。"很晚了，妈自己擦可以了，你明天还要上班，回去吧！"他嗫嚅片刻，终于忍不住啜泣道："妈，对不起，请原谅我！我们回家吧！"

礼仪传承	孝顺，从来就不是只要你给父母足够的金钱就可以，更不是你觉得已经做到就可以。父母的幸福，简单而又感人，你能够在父母需要时出现，可以与父母贴心地交谈，这些就是你孝顺父母的表现。

善是一种循环 ▶▶▶

爱自己的父母的同时，爱所有的长辈，你会发现在这种爱的循环中，你的父母也在接受着更多的爱。

男孩的母亲病了。病魔在吞噬完了家里财钱的同时，也渐渐地掠走父亲的热忱和耐心，就连母亲曾有的战胜病魔的信心和意志也一并带走了。只有男孩不言放弃，可一个十来岁的孩子，除了一颗爱着的心，再拿什么与现实兑换？有一次，一位同学对他说，在蓬莱阁东的海边有一观音庙，新建了一尊世界上最大的露天汉白玉四面佛，游人如织，香火鼎盛，只要心诚，有求必应呢。

男孩眼前豁然一亮，仿佛找到了根治母亲疾病的灵丹妙药，兴奋地跳起来。随即，他看到了同学晃动的那张制作精美的门票。倏地，刚刚燃起的希望之火顷刻间灰飞烟灭。三十里山路不会阻挠男孩前行的脚步，可没有钱铺垫，他知道难以跨过那很高的门槛。

　　明天就是星期天，天快放亮时，男孩终于做出了去试一试的决定。他想起老师说过的话：幸运总是光顾那些敢于一试的人。

　　好像是为了验证他的诚心和勇气，天公故意下起了雨。男孩没有迟疑，找到雨披，用塑料袋把干粮、背包、水包好，骑上自行车上路了。一路上经过雨的洗礼，又承受了太阳的炙烤，三个多小时的行程，男孩早已筋疲力尽。他怯生生、羞答答地挪到门口，对管理人员说：母亲病得厉害，我想去求观音保佑她，可我没有钱……可以想象得出男孩无助窘迫的表情，仿佛可以看到他可怜巴巴含泪的眼神，纵是冷血心肠，任谁也不会无动于衷，用这样一颗赤子心作通行证，谁会忍心阻拦呢？

　　阳光抒情般地洒在男孩身上，他感觉像天使的吻，那样地妥帖。他欢快地跑上延寿桥，抬头便看到神情安详的圣观音正慈祥地看着他，正要跪拜，一回头，看到有个白发苍苍的爷爷站在桥头远远地仰视佛像。一定是那些高高的台阶和打滑路面让老人望而却步。男孩这样想着，便转身穿过拥挤的人群，来到老爷爷面前，搀扶着他。老爷爷说：这么多人，只有你肯扶我一把，只有你心存善念啊。

　　男孩跪在圣观音面前祷告完毕，发现膝盖处被海绵蒲团上的雨水浸透了。他想起背包里的方便袋，如果把它拆开铺到蒲团上，后来的人不就不会把裤子弄湿了吗？于是他把四面佛前面的垫子上都铺上塑料布。老爷爷看到男孩的举动，拍拍男孩的肩膀：孩子，你不用再礼拜了，心中有佛的人，把别人都当作佛来敬、来待，这样的人，佛怎么能不把福泽降于他呢？放心吧孩子，你母亲的病会从此好起来的。

几天后，男孩意外地收到了一笔为母亲治病的赠款，那个署名"心是自己的镜子"的人，在留言中说：爱出者爱返，福往者福来。有时候，善是一种循环，起点是爱，终点也是爱；更多的时候，善不仅仅是简单的循环，一如空中降洒的甘霖，滋润大地后，又升华到空中，来自你，最终归于你，而且加倍。

礼仪传承

男孩的善行，让他及自己的母亲，都获得了爱的馈赠。这种善良的循环，就像是今天在公交车上你给一位老人让了座之后，你就可以想象到，当自己的父母也在公交车上，那些如你一样的年轻人也能帮扶一把，让出自己的座位，这是多么温暖的一种感觉啊！

野天鹅的眷恋 ▶▶▶

天空与家园，野天鹅会选择哪一样作为眷恋呢？

丹麦动物学家默文在秋天收养了一只野天鹅。当时，它受了枪伤，跌倒在山谷的树丛里。默文把它抱回家，细细包扎好它伤得很重的翅膀，把它养在小木屋里。一个月后，野天鹅又能站起来了，不过有一只翅膀仍耷拉着，走起来一拐一拐的。

默文先生给它取了个名字：白格。

白格看着一批又一批的同伴在天空飞过，它爬上草垛，一边拍打那只没有受伤的翅膀，一边引颈叫唤。但是天空中的野天鹅只是用礼节性的呼唤答应着它，没有一只愿意飞下来帮它的忙，它们很快就消失在天边。

白格垂头丧气地从草垛上滚下来，凝视着金色晚霞里的野天鹅群，发出一声声低沉的叹息。

终于，它再也不去注意天空迁徙的天鹅了。

第二年春天，一群群天鹅又从南方飞向北方，白格的翅膀却似乎仍未恢复，因为它只是呆呆地望着向北迁徙的同伴，连哀鸣也不发出了。

默文知道，北美的天鹅最高傲，喜欢孤独。白格在他的照料下，性格却变得随和起来，它常跟在默文身边，把长脖子伸进他的衣服里，有时会突然把嘴伸到他的手上，亲热地轻轻咬他。白格还肯让小鸡跳到它的背上晒太阳，有时还展开宽大的翅膀，为小鸡们遮雨。

天鹅是实行一夫一妻制的，选择配偶时很挑剔，但是默文仍然希望白格能在他的家鹅群里挑一个妻子。与白格相比，家鹅显得又笨拙又肥胖，它们一定会喜欢上这位浑身披着灰白羽毛的漂亮"绅士"的。事实上也是如此，好些家鹅都踮着脚跟在白格后面，一边叫一边拍打翅膀，但白格对它们的殷勤一概不予理睬。

但是有一天，白格做了一件使默文大吃一惊的事：它带回来一只走散的母家鹅。白格用嘴不断擦着这只母家鹅的羽毛，明显在"求婚"。

那只母家鹅属于一千米外的一座农庄。白格一定是在山谷里遇见了它，因为附近的水禽都会到那里嬉戏。这只母家鹅看着很温顺，浑身也披着偏灰的羽毛，很清秀，甚至有点儿高贵的天鹅的气质。

农庄的主人赶来了，见这野天鹅和他家的母鹅这么要好，就向默文先生索要了几十个鸡蛋作交换，让母家鹅留了下来。默文先生给母家鹅取名里斯拉。

白格和里斯拉亲亲热热地做了夫妻，里斯拉还选中一只旧木桶当成了它们的家。默文先生像照顾自己的孩子一样，精心选了一把稻草，铺在窝里，还理平稻草，让这对恩爱夫妻睡得更舒服些。不久，里斯拉生下了十只蛋，它钻进窝里开始孵蛋了。

里斯拉静静地孵蛋时，野天鹅白格就守在附近，这时谁也别想接近木桶，连默文先生也不例外。

野天鹅和母家鹅的后代孵出来了，是一群非常可爱的小家伙。里斯拉从旧木桶里爬出来，照料了它们两周，又回到了白格的身边。

这时，白格的翅膀已经完全恢复了。

有一天，它试着举起翅膀，一下子飞到山那边，忽然间又从高空中转向，急匆匆地飞了回来。原来，里斯拉在叫唤它了。

白格一边惊奇地凝视着自己的翅膀，忽而拍打，忽而跳跃；一边扑向里斯拉，把嘴伸向里斯拉的翅膀。接着它又跳到默文先生身边，开心地用嘴咬拉他的外衣。

从这天起，白格飞遍了附近所有的地方，每个农民都在自己院子的上空看见过它优美盘旋的身影。这是一种预兆：秋天再来时，它可能要离开这里了。默文先生当然可以剪掉它的翅膀留住它，但他不忍心，他在白格受伤时救过它，如果它想要自由，他也应该满足它。

默文先生只能希望夏天过得慢一点。

秋天终于来了。当天空传来第一声向南迁徙的天鹅叫声时，白格抬头凝视天空，身体颤动着，跑了几步，然后飞了起来。它在默文先生家的上空有些不合时宜地盘旋了一圈，然后拍打着翅膀，加入了向南迁徙的天鹅队伍，渐渐消失在茫茫天际。

默文先生低低说了声"再见，白格"，直到看不到野天鹅了，这才回到屋里，失神地坐在沙发上。

母家鹅里斯拉一声不吭地站在那里，平静地接受了这一事实。它们一起生活的几个月里，白格跟它形影不离。白格飞走后的这天，夜幕降临时，里斯拉终于不安起来，它大声叫着。在以后的两天里，它像生了病一样，没精打采地一动不动，而且拒绝进食。

但是，里斯拉和默文先生没有料到，三天后，白格竟然飞回来了！显然，野性从白格的身上消退了，它对里斯拉的眷恋胜过了迁徙的习性。里斯拉快活地叫着，转眼间就恢复了健康。

秋色越来越浓，深秋的太阳照暖了山谷里的湖水，南飞的天鹅和野鸭时常会降下来栖息觅食。这个季节也是狩猎的季节，每天清晨人们都可以听到枪声，有时还可以看到被打中的天鹅扑动翅膀掉下来。它们掉下来的地方就是白格去年受伤的地方。

显然，白格吸取了教训，只停在山谷的外侧，绝不飞到湖边去。但有一天，默文先生听见住处附近传来一声枪响，紧接着一声熟悉的惊恐的哀鸣传了过来。一种不祥的感觉揪住了他的心。他奔出家门，看见丛林边上有个家伙溜了，从他的衣着打扮可以看出，这是城里来的游客。

被打死的竟是母家鹅里斯拉！

谁也弄不清是打猎者瞄准了里斯拉，还是里斯拉挡住了飞向白格的枪弹！这时，白格蜷缩在母家鹅身边，里斯拉的羽毛上浸满鲜血，白格把脖子搁在里斯拉身上，它沉默不作声，眼里闪烁着悲哀。

当默文先生为母家鹅里斯拉的坟墓加上最后一铲土时，白格走过来，把嘴伸到他手里呜咽起来。

天空中，又有天鹅在向南飞迁。突然，白格抬起头，又看看默文先生。

默文先生说："不用告别了，你要走就走吧，别犹豫，里斯拉已经不在了……"

白格回头看了看生活了一年的农庄，看了看鹅群中它与里斯拉生养的那些儿女，心中有些不舍，但蔚蓝的天空和同类在呼唤着它，它终于跑动几步，鼓起翅膀加入路途遥远的跋涉中。它在天空中优美地绕着默文先生飞翔了几圈，把天鹅最美的舞姿作为对默文先生的致礼，这是属于天鹅的礼仪。

"永别了，白格。"默文先生说。

礼仪传承　　受了伤的野天鹅白格被默文先生所救，在恢复伤势后与母家鹅创建了家园。在母家鹅被打死后，白格虽然还有眷恋，可是它还是义无反顾地加入了向南迁徙的鹅群。它在天空中将最优美的舞姿献给了默文先生，这是它对默文先生最后的眷恋与致礼。天鹅尚且懂得感恩，我们人类更应该如此。

生死之间 ▶▶

当一根生命的线将我们与自己的父母连在一起时，你的喜怒哀乐都会与父母相关。

我永远不会忘记2001年9月6日下午5时。在中国作协十楼会议室的学习讨论中，我以一种近乎失态的焦灼，希望会议结束，然后，迫不及待地"打的"回到母亲的住处。快到家时，我又打电话过去，想尽快和母亲说话。铃声空响，我希望她是到楼下散步去了。

推开门，像往常一样，我喊了一声"妈妈"，无人应声。我急忙走进后边一个房间。妈妈呻吟着躺在地上。我扑过去，是的，是扑过去，一把抱起她，想让她坐起来，问她怎么了。她只是含糊不清地说着："我费尽了力气，坐不起来了。"我看着床上被撕扯的被单，看着母亲揉皱了的衣服，知道她挣扎过。可是一切挣扎都无用，她的左边身子已经瘫了，无法坐住。她痛苦、

无助得像个孩子。这个曾经十分刚强的生命，怎么突然会变得如此脆弱！

可是，无论如何，我明白了那个下午我焦灼、急切、不安的全部原因。一根无形的线，生命之线牵扯着我的心，没有听见妈妈的呼喊声，可我的心却如紊乱的钟摆，失去平衡，以从未有过的急切，想回到妈妈的身边去。也许，只要她的手触摸一下我，或者，她的眼神注视一下我，我心中失控的大火就会熄灭。

仅仅两天之后，当妈妈咽下最后一口气，永远地告别了她生活了81年的这个世界的时候，我觉得，我生命的很大一部分走了，随着她，被带走了。我猜想，一个人的理论生命也许会很长，但他就这样一部分一部分被失去的亲人、失去的情感所分割，生命终于变得短暂了。

没有药物可以医治心灵的伤痛，也许只有"忘记"。可是，对于亲人，要忘记又何其难！只好寻求书籍、寻求哲人，让理性的棉纱，一点一点吸干情感伤口上的血迹。那些关于生与死的说教，曾经让我厌恶过，现在却像必不可少的药物，如阿司匹林之类，竟有了新的疗效。

有一则关于死亡的宗教故事。说有一位母亲，抱着病逝的儿子去找佛，希望能拯救她的儿子。佛说，只有一种方法可让你的儿子死而复生，解除你的痛苦：你到城里去，向任何一户没有亲人死过的人家要回一粒芥菜籽儿给我。那被痛苦折磨愚钝了的妇人去了，找遍了全城，竟然没有找回一粒芥菜籽儿。因为，尘世上不存在没失去过亲人的家庭。佛说，你要准备学习痛苦。

痛苦，需要学习吗？是的。快乐，像鲜花，任你怎么呵护，不经意间就凋零了。痛苦，却如同野草，随你怎么刈割，铲除，终会顽强地滋生。你得准备，学习迎接痛苦、医治痛苦、化解痛苦，让痛苦"钙化"，成为你坚强生命的一部分。不过，这将是困难和缓慢的学习，你得忍住泪水。

礼仪传承

面对父母，我们以什么方式尽孝不是目的。重要的是孝道。这才是灵魂。孝道是魂，方式是体。灵魂附属在身体上才能算正常。

在自己的父母深陷病痛时，你要做到能够牵挂和照顾；而当父母逝去时，你要懂得在伤痛的同时更好地生活，这是父母最希望看到的，也是孝顺的表现。

最没有教养的孩子 ▶▶▶

你的粗鲁和无礼，到头来只能是搬起石头砸自己的脚。

姆斯·塞尔顿被认为是村里最没有教养的孩子，因为他说话很粗鲁，因此，他在路上经常被人指责。

如果碰到衣着讲究的人，他就会说人家是花花公子；如果碰到穿着破烂的人，他就说人家是叫花子。

一天下午，他和同伴放学回家，刚好碰到一个陌生人从村子里经过。那人衣着朴素，但非常整洁。他手里拿着一根细木棍，棍的另一端还有一些行李，头上戴着一顶遮阳的大帽子。

很快，詹姆斯打上了这个陌生人的主意。他向同伴挤了一下眼睛，说："看我怎么戏弄他。"他偷偷地走到那人背后，打掉他的大帽子就跑掉了。

那人转过身看了一下，还没等他开口说什么，詹姆斯就已经跑远了。那人捡起帽子戴上，继续赶路。詹姆斯用和上次一样的方法想耍那个人，可是这次他被逮住了。

陌生人怔怔地看着詹姆斯的脸，詹姆斯却趁机挣脱了。一会儿他发现自己又安全了，就开始用石块砸那个陌生人。

当詹姆斯用石块把那人的头砸破后，他感到害怕了，便偷偷摸摸绕过田野，跑回了家。

当他快到家时，妹妹卡罗琳刚好出来碰到他。卡罗琳的手里拿着一条漂亮的金项链，还拿着一些新书。

卡罗琳激动地告诉詹姆斯，几年前离开他们的叔叔回来了，现在就住在他们家里，叔叔还给家里人买了许多漂亮的礼物。为了给哥哥和父亲一个惊喜，他把他的车停在了一里外的一家客栈里。

卡罗琳还说，叔叔经过村庄时被几个坏孩子用石块砸伤了眼睛，不过母亲已经给他包扎上了。"你的脸看起来怎么这么苍白？"卡罗琳改变了语气问詹姆斯。

詹姆斯告诉她没有什么事，就赶快跑回家，待在自己楼上的房间里，不一会儿，父亲叫他下来见叔叔。詹姆斯站在客厅门口，不敢进来。

母亲问："詹姆斯，你为什么不进来呢？你平常可没有这么害羞呀！看看这块表多漂亮，是你叔叔给你买的。"

詹姆斯羞愧极了，卡罗琳抓住他的手，把他拉到客厅。詹姆斯低着头，用双手捂着脸。

叔叔来到詹姆斯的身旁，亲切地把他的手拿开，说："詹姆斯，你不欢迎叔叔吗？"可是叔叔很快退了回来，说："哥哥，

他是你的儿子吗？他就是在街上砸我的那个坏小孩。"

　　善良的父亲和母亲知道了事情的原委，既惊讶又难过。虽然叔叔的伤口慢慢地好了，可是父亲却怎么也不让詹姆斯要那块金表，也不给他那些好看的书，虽然那些都是叔叔买给他的。

　　其他的兄弟姐妹都分到了礼物，詹姆斯只得看着他们快乐。他永远也不会忘记这次教训，终于改掉了粗鲁无礼的陋习。

<table>
<tr><td>礼仪传承</td><td>　　詹姆斯·塞尔顿是个典型的捣蛋鬼，在外人看来，这个孩子不但无礼，还很鲁莽。当他对陌生人投石子的时候，他丢弃的便是自己的尊严和他人奉献给他的爱。
　　尊重身边的每一个人，礼貌待人，热情而真诚地向陌生人表达你的友好，你会得到爱，得到祝福。</td></tr>
</table>

学会尊重每一个人 ▶▶▶

对所有人礼貌相待，才算是真正的礼貌。

这是发生在美国纽约曼哈顿的真实故事。相信你看到后，一定会和我一样深有感触。

一天，一位四十多岁的中年女人领着一个小男孩走进美国著名企业"巨象集团"总部大厦楼下的花园，在一张长椅上坐了下来，她不停地在跟男孩说着什么，似乎很生气的样子。不远处有一位头发花白的老人正在修剪灌木。

忽然，中年女人从随身挎包里揪出一团白花花的卫生纸，一甩手将它抛到老人刚剪过的灌木上，老人诧异地转过头朝中年女人看了一眼，中年女人也满不在乎地看着他。老人什么话也没有说，走过去拿起那团纸扔进一旁装垃圾的筐子里。过了一会儿，中年女人又揪出一团卫生纸扔了过来，老人再次走过去把那团纸捡起来扔到筐子里，然后回到原处继续工作。可是，老人刚拿起剪刀，第三团卫生纸又落在了他眼前的灌木上……就这样，老人一连捡了那中年女人扔的六七团纸，但他始终没有因此露出不满和厌烦的神色。"你看见了吧！"中年女人指了指修剪灌木的老人对男孩说，"我希望你明白，你如果现在不好好上学，将来就跟他一样没出息，只能做这些卑微低贱的工作！"

老人放下剪刀走过来，对中年女人说："夫人，这里是集团的私家花园，按规定只有集团员工才能进来。""那当然，我是'巨象集团'所属一家公司的部门经理，就在这座大厦里工作！"中年女人高傲地说着，同时掏出一张证件朝老人晃了晃。"我能借你的手机用一下吗？"老人沉吟了一下说。中年女人极不情愿地把手机拿出来递给老人，同时又不失时机地开导儿子："你看这些穷人，这么大年纪了连手机也买不起。你今后一定要

努力啊！"

　　老人打完电话后把手机还给了妇人。很快一名男子匆匆走过来，恭恭敬敬地站在老人面前。老人对来人说："我现在提议免去这位女士在'巨象集团'的职务！""是，我立刻按您的指示去办！"那人连声应道。老人吩咐完后径直朝小男孩走去，他用手抚了抚男孩的头，意味深长地说："我希望你明白，在这世界上最重要的是要学会尊重每一个人……"说完，老人缓缓而去。

　　中年女人被眼前骤然发生的事情惊呆了。她认识那个男子，他是巨象集团主管任免各级员工的一个高级职员。"你……你怎么会对这个老园工那么尊敬呢？"她大惑不解地问。

　　"你说什么？老园工？他是集团总裁詹姆斯先生！"中年女人一下子瘫坐在长椅上。

| 礼仪传承 | 人与人之间要有起码的尊重，可很多时候我们的礼貌因人而异，在我们的内心中，容易把人分成三六九等，容易让自己的礼貌出现不公平的态度。这种出现偏差的礼貌，不算是一个人的修养。对待任何人，都应该给予起码的尊重，况且你的礼貌只是你自身修养的一种外在表现，与你施以礼貌的对象毫无关系。 |

感 谢 ▶▶▶

一个懂得感谢的人，运气自然也不会差到哪里去。

下班回家的路上，雨越下越大，城郊的柏油马路上积了薄薄的一层水，摩托车从上面划过，有一种如履薄冰的感觉。深秋的傍晚很冷了，冷风簌簌地往人身上钻，路上行人很少，雨打在我的身上、脸上，感到格外的冰凉。

最近，这条马路上经常出交通事故，想到这我不由得害怕起来，尽管急着回家却不敢骑得太快。突然，前面出现了一个熟悉的影子，模糊的车灯下我们学校的校服依稀可辨。我加快油门，停在那个赶路的学生旁，小女生看到我不好意思地笑了笑，我猜想她一定是逃学出去玩。"教师综合症"马上表现出来："哪个班的？叫什么名字？到哪儿去？"小女孩被我一问，支支吾吾地半天才吞吞吐吐地说："我……我请假回……回家，我奶奶病了，家里只有奶奶一人在家……"我望着焦急的小女孩，对她说："快上车吧，我带你一程，天要黑了。"小女孩赶紧点头致谢，坐上了我的车。

路上，她告诉我，她的父母去南方打工了，家里只剩下她和奶奶，平时都是奶奶照顾自己，今天打电话回去得知奶奶生病了，下了课就赶紧请假往家赶。原来是我误会了她。多好的孩子呀，幸亏我带了她一程，不然要错过一个知恩图报的亲情故事了。一个"空巢家庭"的留守孩子，她担当着家长和孩子双重的角色，才十二岁的她，每周都要回家帮助奶奶买米买菜，还要帮助奶奶做家务。奶奶常常夸她是家里的"顶梁柱"。

快临近城乡交界处时，我的助力车突然熄火了，忙下来踩了半天也没有反应。怎么办呢？我急得直跺脚。小姑娘在一旁安慰我不要急，再找找原因。可是我对于修车是外行，早上刚加过油，那还会有什么原因呢？我看着不听使唤的破车，心急如焚，对小女孩说："你快回去吧，天都黑了。我自己想办法。"小女孩诚恳地说："老师，我怎么能将您一个人留在半路上呢？来，我帮你推车，前面有个修车铺的，我们去看看。"

就这样，这个我一天也没辅导过的小姑娘帮助了我，她居然爽朗地喊我老师。我扶车头，她在后面很吃力地推着车，幸亏遇到了她，不然我一个人真不知道怎么办才好。我感激地回头望着躬身推车的小女孩，大声对她说："谢谢你！"小女孩抬起头，笑着说："我应该谢谢您的，您怎么反过来谢我了。这是我应该做的呀。"

修车的师傅很快排除了故障，我们又重新上路了。街上的街灯都亮了，雨也停了。小姑娘下车时笑着对我说："老师，谢谢您。"我不好意思地摆摆手，和她说再见。

人与人之间就是这样，互相帮助，互相扶持，不需要感谢。在我们漫长的一生中，我们要尽力去帮助需要帮助的人，这样在你有困难的时候，才会得到别人的帮助。我想，在雨中，在路上，如果再遇到需要帮助的人，我一定会去帮助他们，而且不需要感谢。

礼仪传承 　一个人要学着感谢他人，让自己成为一个懂得爱、懂得感谢的知情达理之人。在人与人之间彼此的关爱中，爱在生活中发酵，会越来越浓烈地散发着温暖。懂得用感谢和帮助，送给别人对生活及未来美好的憧憬，你获得的必将是和善的、快乐的回馈。

羽毛球比赛 ▶▶▶

礼仪其实就是一种道德规范，它是人们在长期共同生活和相互交往中逐渐形成的。

有一次，我们几位朋友相约一起去打羽毛球。平时大家都各忙各的，有这个能让大家相聚而又运动瘦身的机会真是一举两得。到了球馆，发现旁边的场地有几个同样的年轻人，从发音不难发现里面有位日本人。也许由于历史原因，几个朋友不免指指点点，几声"小日本"脱口而出。

正当大家做着准备活动、准备上场一较高下的时候，边上的朋友提议让我们中那位打得最好的去和那个"小日本"较量一下，说是较量其实大家都知道是想教训一下他。这一下激起了大家的兴趣，说到做到，我们的交涉工作也通过努力做到了位。那位日本人听说想和他较量一下先是推辞了一下，通过边上的翻译我们知道他说他打得不是很好，但是如果想较量一下也没问题。

我们中的那位高手早已按捺不住，整装待发，想给对面的"小日本"一个下马威。只见那位日本朋友缓缓过来鞠了个标准的90度的躬，并且伸出手与我们那位高手紧紧握了一下，态度非常谦恭地说了些什么，估计是多多关照之类的话。而我们的高手只是微微笑了一下，边上的后援团已经沸腾起来了，分别为我们的高手加油，更是说了些为国争光之类的夸张的话，好在那位日本朋友不懂我们的意思。

正如大家所料，那位日本朋友的技术真的不怎么样，不一会已经彻底被打败了，而我们的高手朋友依然凶狠，球技比对方高出了很多，真正地为国争了光，比赛的结果毫无悬念。打完以后那位日本朋友已经快累趴下了，边上我们的后援团也笑成一片。比赛结束以后那位日本朋友还是缓缓过来，一如既往行那个标准的90度鞠躬，握了下手，脸上堆着笑容，说了些什么，边上的翻译告诉我们他非常感谢对他的指教，那位高手朋友打得很好，让他学习到了不少，以后有机会再领教。

这件事我一直记忆犹新，我们虽然赢了比赛，而且赢得很漂亮，但是我们输掉的更多，这个以我们大唐文化为模版的国家，比我们现在的中国更加讲礼仪，我们应该清醒地认识到自己的不足，我也同样相信只要我们从身边的点点滴滴做起，我们一定比他们更加懂礼仪，我们才是真正的礼仪之邦。

礼仪传承

"人以礼仪为先，树以枝叶为源"，这是古人对文明礼仪的最根本的认识，把礼仪作为一个人在社会上立足的根本条件，一个人如果不懂礼仪，就好像树木没有枝叶一样，无法生存。对于个人来说，礼仪是一个人的思想道德水平、文化修养的外在表现，对一个社会来说，礼仪是一个国家社会文明程度、道德风尚和生活习惯的反映。

个人活动：贺卡巧制作

【**活动主题**】制作一张贺卡

【**活动目的**】增进人与人之间的感情交流

【**活动准备**】树叶，水彩笔，彩色纸板，硬纸板，保鲜膜，剪刀，胶水

【**活动流程**】

1. 把想要自己制作教师节礼物的想法和妈妈说一下，告诉妈妈自己需要她的帮助，因为自己不会制作节日贺卡，妈妈会很高兴你的想法和做法的。

2. 把妈妈告诉你需要准备的材料和制作步骤记录下来，然后准备材料，这次制作的是树叶贺卡，所以要收集一些完整的叶片。你可以在树林或者树木较多的地方去挑选落叶，叶片要尽量完整，不要破损或干枯的，多收集一些，这样选择的范围比较广。

3. 自己预备好材料以后，就可以和妈妈一起动手制作了。先把叶片洗干净，然后进行自然晾干，注意不要损坏叶片。

4. 首先把晾干的叶片平铺粘贴在彩色纸板上，叶片的各部分要完全伸展开，然后用剪刀沿着叶片的轮廓剪下形状相同的纸板。最后把彩色纸板和叶片一起用胶水固定在硬纸板上，覆盖一层保鲜膜，贺卡就做好了。

5. 在做好的贺卡后面可以写上一些祝福的话语，比如"教师节快乐！""老师辛苦了！"，表达一下自己对老师的感激和祝福。

【活动总结】

　　我们总是愿意通过这种送小礼物的方式来表达自己的心意，这是可以增进人与人之间感情的法宝。所以，我们自己动手做小礼物时，更是乐在其中。给我们的父母、老师、朋友送上一份自己亲手做的小礼物表示对他们的感谢，做一个懂礼貌的好孩子。

小测试：朋友对你的重要性

假如你是一位世界知名的超级模特儿，计划拍一本具有纪念价值的写真集，你希望这本写真集的封面场景是在哪里拍摄？

A. 冰天雪地的北极

B. 热情如火的夏威夷

C. 原始风味的非洲

【测试结果】

选A：你是一个不折不扣的独行侠，在这个世界上，能被你信赖的人真的少之又少。在你的观念里，友情是一种负担，而不是幸福。

选B：你非常重视朋友，常常关心朋友的生活情况，如果他们有需要，你会一马当先地出面帮忙。

选C：在你的认知里，能谈得来的，够真诚的才能被称为朋友。你喜欢和朋友一起来完成各种事情，在班级中人缘不错哦！